사나운 독립

사나운 동물

최지현
서평강
문유림
에세이

— 1957 — 1986 — 2020 —

— 1958 — 1985 — 2019 —

— 1958 — 1986 — 2020 —

차례

남자 없는 여자들 최지현

1 남자 없는 여자들

남자 없는 여자들 19
여자들의 집 25
다른 차원의 우주 어딘가에서 33
도망치는 아이 41

2 할머니의 유산

할머니의 꿈 47
선명히 남는 것 57
우는 아이와 누운 엄마 62

3 보호자를 잃다

보호자를 잃다 71
불안의 유산 74
설명의 짐 — 울지 않고 말하기 78

내게는 이런 풍경도 남아 있어 84

4 여전히 유일하고 특별하고 싶다

사랑도 당신도 없는 곳으로 93
진화할 준비 98
여전히 유일하고 특별하고 싶다 104
더 이상 악몽이라 부르지 않는다 122

에필로그 125

나선형의 물 서평강 129

열 평의 마그마 문유림

1 무수한 집

유림의 집 327
유림의 선(線) 340

2 있고 싶은 곳에 있어야 사는 병

눕는 엄마 351
덕분에 제가 신을 믿어요 354
거기로 돌아갈 수 있나 356
오래된 이별 358
지금 당도한 곳, 검붉은 수렁 361
생각하기도 싫은 것들에도
어떤 아름다움이 있을까? 365

3 상향

아무 말 375
설산의 집 379
아이슬란드 팅게리에서 383
우연히 오른 여름 산에서 안 것 390
험준한 길 392

4 경계를 가지는 두 대지를 만들다

홋카이도행 397
열 평의 마그마 400

나가며 403

대담 405
추천의 말 435

남자 없는
여자들

최지현

1928년생 맏딸의
1957년생 맏딸의
1986년생 맏딸.

그게 나다.

1
남자 없는 여자들

17 맑게 흐르는 냇물을 본다.
어제보다 더 선명한 눈으로.

이 냇물은 대를 이어 흘러 내려왔다.
기세 있게 콸콸 흐를 때든
졸졸거리며 간신히 명맥을 유지할 때든
한 번도 멈춘 적은 없었다.

태초부터 존재했을 작은 옹달샘을 상상하며
냇가를 거슬러 올라간다.
조용하게 빛나는 조약돌을 주워 올리며.

남자 없는
여자들

19   언젠가 엄마 집 마당에 자란 무성한 잡풀을 본 남편이 무심코 말했다. **여자들만 사는 티가 나네.** 잡초를 뽑고 잔디를 깎는 일 따위 남자만 할 수 있는 건 아니지만, '여자들만 있는 집'이라는 표현은 내게 충격을 주었다.

그렇다.
우리는 남자 없는 여자들이었다.
남자 없는 집에서 우리끼리 살아왔다.

매일 아침 나는 외갓집에 맡겨졌다. 외갓집은 바로 옆옆 집이었다. 어른 없이 혼자 있을 수 있을 때까지 이 집을 수도 없이 들락거렸다. 어느 시점에는 아예 이곳에서 살았다. 외가댁 사람들은 언제나 주변에 있었고 나는 그들을 친숙하게 여겼다. 외가댁 사람들이라 해 봤자 외할머니와 이모가 전부였다. 시대의 흐름에 맞지 않게(시대를 앞서갔다고 해야 할까) 할머니는 엄마와 이모 딱 두 자매만 두었다. 그것도 칠 년 터울로.

  할아버지는 내가 결혼할 때 오실 거라 했다. 한참 후에 알게 된 사실이지만 할아버지는 오래전 미국으로 떠나 연락이 끊긴 상태였다. 외할아버지라는 존재는 엄마와 이모의 대화, 그리고 남겨진 두 장의 사진을 통해 어렴풋이 짐작될 뿐이었다. 아빠와는 직장 때문에 떨어져 지내서 같이 산 기간보다 그러지 않은 시간이 더 길었는데, 엄마와 아빠의 별거로 더욱 멀어졌다. 이혼한 이모까지 더해지면서 남자 없는 여자들이 완성되었다. 이쯤이면 남자가 없어지는 마법에라도 걸린 건가 싶다.

  그래서인지 결혼을 꼭 해야 하는 것이라든가 인생의 중요한 일로 생각해 본 적은 없었다. 서른이 되기 전에 결혼할 거야, 같은 말들을 비웃었다. 결혼이 뭐라고, 결혼에 대해 뭘 안다고. 있다가도 없는 게 남자인데, 가당키나 한 말인가?

  남편 없는 여자의 삶은 아빠 없는 딸의 삶이기도

했다. 아빠의 부재에 크게 결핍을 느끼지는 않았다. 같이 살 때에도 아빠는 저녁 식사 자리 아니면 주말에나 볼 수 있었으니까. 그래도 가끔 주변에서 다정한 아빠를 목격하거나 그런 아빠에 대한 이야기를 들으면 부럽고 신기했다. 고등학생이 된 딸에게 사랑한다고 말하는 아빠가 있다니! 그런 세계가 있다니.

사회 시간에 들었던 공패(空貝) 가족이란 단어에 사로잡혔던 적이 있었다. 그게 바로 우리 가족이야, 천명하듯 말했다. 텅 빈 껍질 같은 가족. 나에게 정상 가족에 대한 집착이 없었던 건 그나마 다행스러운 일이었다. 언젠가 엄마에게 차라리 이혼하라고 권한 것도 나였다. 그건 내 진심이었다. 긴장과 불안에 좀먹힐 바에야 그게 나았다.

남자들이 떠나간 집에서 여자들은 각자의 방식으로 나를 돌봤다. 다정함이라든가 세심한 보살핌은 외가 사람들의 방식이 아니었다. 그녀들은 타인의 감정은 물론이고 자신의 감정을 돌아보는 데 익숙하지 않았고, 제각기 다른 일들로 바쁜 사람들이었다. 대신 그녀들은 저마다 나의 교육에 관여하며 자신들의 희망을 투사해 내

미래를 점쳤다.

―

 반쯤 깬 상태로 포대기에 싸여 업힌 채 할머니 집에 가던 순간이 기억난다. 머리끝까지 덮인 포대기 안에 온기가 돌아 한겨울에도 따스했던 길. 매일 아침 잠든 나를 할머니 집까지 업고 갔던 사람을 나는 이쁜이 할머니라고 불렀다. 이쁜이 할머니는 남편(나는 그를 함이라 불렀다), 그리고 막내딸과 함께 할머니 집의 남는 방들에 세 들어 살고 있었다. 포근한 품을 가진 이쁜이 할머니와 커다란 키에 비쩍 마른 함은 잘 어울리는 한 쌍이었다(외형적으로도 그들은 서로에게 완벽한 보완재처럼 보였다). 딸 셋에 아들 하나, 많은 손주들을 둔 그들의 관계는 내가 목격한 최초의 성공적인 결혼 생활이었다.
 벌게진 얼굴로 와앙 울고 있는 내 사진이 있다. 할머니 집이다. 주변이 어둡고 내복 차림인 것을 보니 잘 준비를 하다가 혼이 난 모양이다. 팔다리가 제법 긴 것으로 미루어 보아 일곱 살쯤 되었을까. 나를 무릎에 안고 있는 사람은 이쁜이 할머니, 혼내고 사진을 찍은 사람은 외할머니였을 것이다.

이쁜이 할머니와 외할머니, 둘의 조합은 나에게 모자람이 없었다. 외할머니에게 혼난 후 달려가는 건 이쁜이 할머니의 품이었다. 기름을 짜야겠다며 이유 없이 나를 꽈악 안아 주던 유일한 사람. 이쁜이 할머니는 아침마다 내 머리를 곱게 땋아 주며 인디언 머리라고 했다. 양 갈래로 땋은 그 머리를 나는 여전히 좋아한다. 유치원에 갔다가 집에 오면 이쁜이 할머니, 함과 같이 저녁을 먹었다. 미역국과 생선구이가 주로 상에 올랐다. 어린이에게 필요한 영양소가 부족함 없이 들어가 있던 한 상. 자야 할 시간이 되면 이쁜이 할머니가 펴 둔 이부자리에 들어가 앉았다. 그건 매우 자연스러운 수순이었다. 엄마가 와서 곤란한 표정으로 할머니 할아버지 이제 주무셔야 한다고 할 때까지.

언젠가부터 이쁜이 할머니가 보이지 않았다. 국민학교 입학 즈음이었다. 그러던 어느 날 할머니가 나를 데리고 어디론가 가더니 이쁜이 할머니 집이라고 했다. 반갑게 맞아 주거나 말을 꺼내는 사람이 없었다. 이쁜이 할머니는 딸들의 부축을 받은 채 맥없이 구토를 하고 있었다. 함은 난생처음 보는 심각하고 어두운 얼굴을 하고는 평소처럼 담배를 뻑뻑 피워 대고 있었다. 그게 내가 기억하는 이쁜이 할머니와 함의 마지막 모습이다.

여자들의
집

이쁜이 할머니가 떠난 방에 이모가 들어왔다. 마침 아빠가 다니던 회사가 지방으로 이전하면서 엄마와 내가 할머니 집에 머물고 있었다. 할머니 집에 처음으로 외가 여자들이 다 같이 모여 살게 된 것이다. 말 그대로 한 지붕 네 여자. 남자 없는 여자들 천하였다.

우리는 각자의 일들로 바빴다. 엄마와 이모는 직장에 다니고 있었고, 나는 처음 시작한 학교생활에 적응 중이었다. 할머니는 은퇴한 후였지만, 어쩐지 외출이 잦았다.

그맘때 가장 기다렸던 건 저녁 시간에 방영되던 만화 영화 「피구왕 통키」. **아침 해가 빛나는 끝이 없는 바닷가**, 주제곡이 흘러나올 즈음엔 우정과 승부의 뜨거운 세계로 빠져들 준비가 끝나 있었다. 한 시간이 어찌나 빨리 가던지. 만화에 몰입한 나머지 어느 날엔가 이모의 방문에 빨간색 크레파스로 불꽃을 그려 넣기에 이르렀다. 불꽃 슛! 하고 외치면서 공을 던져 그림을 맞추면 불꽃슛이 완성되는 놀이였다. 좀 심심하긴 했어도 그건 「피구왕 통키」에 대한 나의 오마주였다. 그러나 사실 진짜 재밌는 건 그 방 안에 있었다.

  이모의 방은 물건들로 가득했다. 엄마에게는 없던 파란색, 분홍색의 화장품과 향수, 헤어롤, 장식품이 화장대에 즐비했고, 서랍을 열면 액세서리들이 반짝거렸다. 책상 위에는 문구류들이 전시되듯 널려 있었는데 하나같이 동네 문방구에서는 볼 수 없던 것들이었다. 형광색 메모지와 투명한 플라스틱 집게, 색색의 클립들. 화려한 물건들 틈에서 가장 내 마음을 사로잡았던 건 의외로 스카치테이프였다. 문방구에서 파는 테이프와 다르게 불투명하고 두꺼운 재질의 비닐, 초록색과 노란색 줄이 교차하는 세련된 디자인, 무엇보다 코를 찌르지 않는 고급스러운 냄새.

  황홀경에 빠져 물건들을 하나씩 만지작거릴 때면 내가 무언가를 망가뜨리지는 않을까 조바심 담긴 목소리로 이모는 내게 눈치를 주곤 했다.

그러나 그대로 물러서기에는 그 방에 물건들이 너무 많았다. 다행히 나에겐 시간이 있었다. 이모가 집에 없는 시간. 이모가 돌아오지 않은 시간을 틈타 이모의 성화에 제대로 구경하지 못했던 액세서리들을 찬찬히 구경하고 하나씩 만져 보았다. 핑크색 헤어 롤을 머리에 감아 보고 생각한다. **흐음. 어른이 된다는 건 이런 물건들을 가질 수 있다는 걸 의미하는군.** 스카치테이프를 뜯어 쿵쿵 냄새를 맡는다. **나중에 이건 꼭 사야겠어.** 그러다 옷장 밑 서랍에 들어 있던 파우치 속에서 반쯤 빈 담뱃갑과 라이터를 발견했을 때는 못 볼 물건이라도 본 것처럼 얼른 지퍼를 잠가 버렸다.

  퇴근한 이모가 부엌의 커다란 식탁에 혼자 앉아 라면을 먹던 모습도 기억난다. 이모는 꼭 떡과 계란을 넣은 라면을 끓였는데 먹을 때 어찌나 집중하던지 그 기세에 눌려 먹고 싶다거나, 달라는 말을 꺼낼 수 없었다. 한 입만 달라고 했다면 생색을 내며 한 젓가락 주었겠지만 용기는 나지 않았고 이모 역시 그런 나를 모른 척했다. 반대로 내가 맛있는 걸 먹고 있을 때 이모는 한 입만 달라는 말을 쉽게 해서 내 마음을 복잡하게 만들었다.

―

얘! 그만 얘기해! 대체 몇 번이나 얘기하니! 엄마의 미간에 주름이 깊게 잡혔다. 내가 잘 아는 엄마의 표정. 역정이 났다는 뜻이다. 이모는 또 세상에서 가장 억울한 사람의 얼굴을 하고 있다. 이모는 언니의 머리가 빨리 돌아간다며 엄마에게 많은 의견과 조언을 구했다. 새로 구매한 옷이 잘 어울리는지부터 직장 내 처신과 협상 방법까지 작고 큰 문제들에 대해 묻고 또 묻는 일이 많았다. 습관적으로 반복되는 질문 속에서 지쳤을 법한 엄마와 달리 나는 엄마와 이모가 같은 자리에 있는 걸 내심 즐겼다(그 질문들이 나를 향하기 전까지). 엄마에게서는 느낄 수 없던 타고난 활력이 이모에게 있었고, 무엇보다도 말소리가 끊기지 않는 게 좋았다.

　이혼 후 타지 생활을 하던 이모는 주말마다 엄마 집에서 하룻밤씩 자고 갔다. 이모는 그때마다 엄마가 만든 음식을 먹고 엄마가 청소해 놓은 공간을 사용했다. 엄마는 종종 이모에게 반찬을 싸 주기도 했다. 그렇게 일방적으로 주고 받는 것이 하도 자연스럽고 당연해 보여 이모가 엄마를 언니가 아닌 엄마로 생각하고 있는 게 아닐까 생각이 들 정도였다. 아닌 게 아니라 종종 이모는 밥을 정성껏 차려 주는 엄마가 있어서 좋겠다고 내게 말하곤 했다.

그렇다고 엄마와 이모가 정서적으로 친밀해 보이지는 않았다. 이모가 의존할수록, 엄마가 책임지는 일이 많아질수록 엄마의 말투는 단정적으로, 고압적으로 변했다. 예측할 수 없게 신경질을 내고 대뜸 호통을 치는 일도 심심찮았다. 이모는 걸핏하면 내 앞에서 신데렐라처럼 울었다. 그럴 때마다 마음의 추가 누구에게로도 기울지 않았던 나는 이 끈적한 감정의 수렁에 휘말리지 않을 만한 위치에 나 자신을 견고히 매어 두었다. 그리고 그건 어느 정도 성공적이었지만, 이 드라마에 나를 끌어들이려는 모든 시도에 화가 났다. 이곳에서 나는 위로를 할 사람이 아니고, 위로를 받아야 할 사람이었으니까.

다시 서울에 올라온 이모가 처음으로 엄마가 사는 곳이 아닌 동네에 자리를 잡고 뒤이어 할머니가 돌아가시면서 둘 사이의 관계는 안정을 찾아가는 듯 보인다. 그들은 각자의 인생에서 가장 오랜 시간 서로를 지켜본 사람들이 되었다. 단체

여행이나 실버 타운에 대한 정보를 공유하지만
함께 여행을 가거나 미래를 약속하지는 않는 사이.
이제서야 관계의 적정한 거리를 찾은 것인지도
모른다.

  두 자매는 아이를 돌봐 주기 위해 일주일에
한 번씩 우리 집에서 만난다. 돌고 돌아 다시
돌봄으로 연결되는 사이라니. 벗어날 수 없는
운명의 굴레 같은 것이 아득하게 느껴진다. 엄마가
아이를 유치원에서 데려오면 이모가 바통을
이어받아 내가 집에 올 때까지 아이를 봐 준다.
엄마는 여전히 직접 만든 음식을 챙겨 오고 이모는
그 음식을 먹는다. 달라진 점이라면 두 사람이
어느 때보다 동료처럼 보인다는 사실이다. 요즘
두 자매는 아이에게 빨리 학습지라도 시키라고
한목소리로 나를 독촉한다.

―

  할머니는 집을 판 이후 자연스레 엄마의
집으로 들어왔다. 할머니의 이사와 합가는 한
시대가 저물고 있음을 상징했다. 왕관이 넘어갈
때가 된 것이다. 그러나 결정적인 한 판이 남아

있었는데, 그것은 노쇠한 할머니의 자선을 노리는 주변인들과 관련이 있었다. 그즈음 나는 여든 넘은 노인의 변함없이 서슬 퍼런 기세와 고집, 지지 않고 노인이 된 모친을 윽박지르는 엄마의 모습 모두에 진절머리가 나 있었다. 모녀간의 싸움은 부부간의 싸움보다 슬픈 면이 있었다. 그게 자신의 엄마와 할머니라면 더욱 그러했다. 동시에 어떤 환멸이 스멀스멀 올라왔다. 언젠가 이 악순환을 끊으리라, 이를 악물었다. 남자 없는 세계에서 여자들끼리 지지고 볶는 삶을 끝내리라.

승부는 정해져 있었다. 엄마 집에는 같이 살기 시작한 지 얼마 되지 않은 강아지가 한 마리 있었는데, 훈육 없는 애정을 받고 기세가 등등해진 강아지는 할머니만 보면 짖어 댔다. 심지어 할머니를 향해 으르렁대며 이빨을 드러내곤 해 할머니가 거실에 나오기 불편할 정도였다. 강아지는 주말마다 들르는 이모에게도, 가끔 오는 나에게도 마찬가지로 급작스레 으르렁댔다. 개들의 본능이란, 놀라운 것이었다.

돈을 벌기 시작하면서 엄마의 집을 나왔다. 그리고 엄마 집과 멀리 떨어진 동네에 집(이라기보다는 방 한 칸이 정확하겠지만)을 구했다. 악순환을 끊어 내기 위해 가장 먼저 해야 할 일이었다. 엄마는 방도 많은 집을 놔두고 원룸에서 사는 나를 이해하지 못했다. 나는 여자들의 집에서 제 발로 걸어 나온 최초의 여자가 되었다.

다른 차원의
우주 어딘가에서

33　　　소박한 집들이 서로 이웃이 되어 주는 좁고 경사진 골목.

그 골목의 끝자락에 위치한 오래된 양옥.

이곳은 나의 고향이다.

군데군데 칠이 벗겨진 자리마다 주홍빛으로 녹이 슨 대문 앞에 서 있다. 사자 얼굴로 장식된 둥근 문고리가 달려 있는 남색 철문이다. 낮은 계단에 올라 벨을 누르면 맥없는 소리가 나며 문이 열린다. 대문은 열릴 때마다 끼익끼익 귀신 같은 소리를 낸다. 벨을 누르고 문을 당기는 일련의 행동은 예의를 갖추기 위한 요식 행위처럼 느껴질 정도다. 힘껏 잡아당기면 문을 열어 주지 않아도 들어갈 수 있을 것 같기 때문이다.

  삐그덕 문이 열리면 곧바로 시멘트 계단이 펼쳐진다. 보통의 계단보다 경사가 급하고 높아서 눈이 오기라도 하면 게걸음으로 천천히 내려가곤 했던 계단. 믿기지 않지만 이 계단에서 나는 한 번도 넘어지거나 미끄러진 적이 없다. 누군가 눈이 올 때마다 미리, 정성을 다해 계단을 쓸어 놓은 까닭이다. 계단의 끝에는 같은 시멘트 재질로 바닥을 마감한 수돗가가, 그 왼편으로는 마당이 있다. 정원이 아니고 마당이다, 흙 마당.

  마당에는 고작 네 그루의 나무만이 심어져 있다. 고작이라고 말하는 이유는, 그보다 더 많은 나무가 있는 것처럼 느껴지기 때문이다. 가장 먼저 반겨 주는 건 꽈배기처럼 몸통이 꼬인 등나무다. 메마르고 단단한 줄기가 철제 덩굴시렁을 따라 뻗으며 수돗가 하늘을 덮고 있다. 봄이 되면 저 억센 줄기에서 솜털 난 새순과 연보랏빛 꽃이 돋아날 것이다. 펼쳐지기 전의 한껏 웅크린 새순이 잔멸치 같다고 늘 생각했다. 여름이면 무성한 잎사귀가 그늘을 만들어 수돗가는 언제나 선선했다.

  등나무 뒤편에는 담벼락을 따라 목련나무와

돌배나무가 나란히 서 있다. 부드러운 솜털로 덮인 목련의 겨울눈이 어느 순간 입을 벌리면 자줏빛 꽃이 봄을 알렸다. 계절의 설렘이나 화려함을 작정하듯 거부하는 자목련은 개나리, 진달래를 제치고 오랫동안 나에게 봄꽃의 상징이었다. 돌배나무에서 열리는 배는 자두같이 작았지만 씹으면 배 맛이 나는 게 신통했다. 단맛보다는 시큼한 맛이 강해서 한 입 먹고 버려지긴 했지만.

    목련나무와 배나무를 지나 안쪽으로 들어가면 대감 같은 감나무가 터를 지키고 있다. 튼튼한 밑둥과 위로 옆으로 거침없이 뻗은 가지들이 한눈에도 잘생긴 나무다. 가까이 다가가면 나이 든 농부의 손등같이 거칠게 일어난 수피가 보인다. 봄부터 늦가을까지 감나무는 수없이 많은 아기 감들을 키워 낸다. 적당히 물들고 말랑한 감을 급하게 베어 물면 떫은맛이 어김없이 혓바닥을 조여 댄다. 정신이 번쩍 들 정도로 달콤한 연시의 맛을 보려면 계절이 충분히 여물기를 기다려야 했다. 할머니는 감나무 밑둥 주변에 둥글게 홈을 판 뒤 물을 줬다. 뿌리에 물이 잘 흡수되게 하기 위해서라고 했다. 물을 줄 때는 햇살이 강한 시간대를 피해야 한다고도 했다.

봄이 되면 마당에 씨앗을 심고 개미들을 구경하며 시간을 보냈다. 봄기운에 가장 먼저 모습을 드러내는 건 개미들이었다. 개미들은 쉼 없이 움직였는데, 움직임에는 머뭇거림이 없었다. 자세히 보면 그들은 끈질기게 무언가를 옮기고 있거나 옮길 만한 것들을 탐색하고 있었다. 밥알, 밀가루와 설탕으로 된 과자, 지렁이, 파리, 벌, 사마귀…… 생명의 온기가 채 가시지 않은 사체부터 수분 하나 없이 바싹 말라 버린 사체들까지 모두 개미들의 표적이었다. 죽은 개미들도 예외는 아니었다. 그렇게 무언가를 물고 온갖 방해물과 곳곳에서 날아드는 위협을 피해 개미집 입구까지 무사히 도착하면 눈으로 하는 관찰도 끝이 난다. 이제부터는 상상으로 놀이를 이어 갈 차례다.

개미는 지하의 세계로 이어지는 입구에 서 있다. 꽁무니 뒤로 흙 알갱이 몇 개만큼의 빛이 점점 희미해져 간다. 주변이 어두워질수록 개미는 익숙한 냄새를 감지한다. 이곳은 인간이 출입할 수 없는 세계다. 불시에 허공에서 내려오는 거대한 발바닥도, 농락하는 손가락도 없다. 개미는 거침없는 발걸음으로 거대한 미로 같은 길을 나아간다. 이윽고 창고에 도달하여 물고 온 양식을 한구석에 내려 두고는 왔던 길을 그대로 돌아 나간다. 흙 알갱이 몇 개만큼의 빛이 다가온다. 사위가 점점 밝아진다. 개미는 다음 목표를 찾아 주저 없이 발걸음을 옮긴다.

 매일 아침 씨앗 심은 자리에 싹이 났는지를 확인하는 건 나의 일과였다. 자세히 들여다보아야 보이는 흙 알갱이 하나도 이제 막 움트는 새순에게는 온 힘을 다해 밀어내야 하는 무언가였다. 새싹이 자기 위에 얹힌 그 무게를 밀어내고 흙 알갱이들 사이로 연둣빛 구부정한 몸을 살짝 드러낼 때면 마음속에서 환호가 터졌다. 내일은 어떤 모습을 보여 줄지 기대하며 해 질 녘마다 새싹과 나무에 공평히 물을 주었다.

 소나기가 올 때나 장마철에는 새순이 비에 씻겨 내려갈까 봐 우산을 씌워 주었다. 작은 싹이 무사히 자라나 줄기가 굵어지고 단단해져 노랗고 하얀 꽃을 피워 내면 그 사이로 벌들이 분주히 오갔다. 때가 되면 작지만 단단하게 여문 호박이나 고추, 오이, 토마토가 보석같이 맺혔다. 마당은 내 고향이고 놀이터였다.

―

할머니는 통일이 되면 북쪽에 있는 가족들에게 물려주겠다는 생각으로 이 집을 샀다고 한다. 그러니 이곳에는 전쟁으로 헤어진 가족들과 상봉하고 싶다는 할머니의 염원이 담겨 있는 셈이다.

골목에는 할머니 집처럼 담벼락이 높은 양옥들이 많았다. 오래된 주택과 작은 빌라, 공용 화장실을 둔 판잣집이 공존하는 골목이었다.

어떤 집에 살든 아이들은 모두 골목에 모여 놀았다. 굴러다니는 돌멩이를 주워 땅따먹기를 하고 골목을 누비며 얼음땡을 했다. 눈이 오면 연탄재가 뿌려지지 않은 경사를 찾아 바지가 홀딱 젖는 줄도 모르고 뒹굴었다. 대문들은 대체로 열려 있었고 이 집 저 집 옮겨 다니며 놀다가 밥을 얻어먹기도 했다.

그러다 한 집 두 집 골목을 떠나는 아이들이 생겼다. 부모들은 더 나은 환경을 찾아 신도시나 근교로 이동을 감행했다. 마침 아이들이 학교에 들어가면서 놀이 공간이 자연스레 골목에서 학교로 옮겨 가던 시점이었다. 아이들은 떠났지만 골목과 집들은 그 자리에 있으니 언제든 돌아갈 수 있다고 믿었다.

—

그러다 지하철역이 들어서면서부터 많은 것이 변하기 시작했다. 오래된 집들이 허물어지고 그 자리에 빌라들이 촘촘히 세워졌다. 생전에 통일을 기대할 수 없게 된 노쇠한 할머니는 자신의 집과 옆집을 같이 구매하기 위해 기웃대던 사업자에게 집을 팔았다.

작별의 시간은 주어지지 않았다. 어느 날 집이 팔렸고, 그 자리에 빌라가 들어섰다는 사실을 알게 됐을 뿐이다. 오랜만에 골목을 찾았을 땐 고향도, 나무들도 모두 사라져 있었다.

할머니 집의 진짜 주인은 마당의 나무들이었다. 다른 차원의 우주 어딘가에서 네 그루의 나무들은 변함없이 나의 고향을 수호하고 있을 것이다. 부드러운 봄바람과 차가운 눈을 맞으면서, 언제나처럼 잎사귀와 꽃을, 열매를 피우고 또 거두면서.
 그렇게 믿고 싶다.

도망치는
아이

왜 그 집에서 그리 많은 꿈들이 찾아왔는지는 여전히 미지수다. 꿈은, 실례합니다, 들어가도 되겠습니까, 하고 정중히 묻거나 인기척을 내지 않는다. 당연히 예고도 없다. 꿈이 찾아오기로 마음을 먹으면 당하는 것 말고는 방법이 없다.

그렇게 급습당하던 밤들이 있었다. 그럴 때면 마음의 준비를 할 새도 없이 어느 장면의 한가운데로 내던져졌다. 나는 혼자고, 당장 도망쳐야 한다. 식은땀으로 젖은 등과 축축해진 눈으로 시작하는 아침. 현실보다 안온하거나 행복한 꿈은 매정하리만큼 없었다. 밤새 도망치다 보면 어느새 새로운 하루가 찾아와 있었다.

언젠가는 허술한 대문을 뚫고 호랑이 떼가 들이닥쳤다. 일상의 공간이 금세 터져 나갈 듯한

긴장감으로 부풀어 올랐다. 안방에 숨어 숨을
죽인 채 그들이 시멘트 계단을 뛰어넘는 모습을
지켜보았다. 그들이 내뿜는 콧바람에서 혈기와
살기가 느껴졌다.

  급하게 걸쇠를 걸어 놓은 (그러나 곧 부서질)
현관문 앞에 그들이 도착하는 순간 옆집으로
뛰어내린다. 집들이 밀착되어 있어 가능한
일이다. 건물을 뛰쳐나가 익숙한 골목길 경사로를
내달린다. 눈이 오면 동네 아이들의 썰매장이
되곤 하던 길이다. 거미줄처럼 이어진 좁은 골목.
최대한 빠르게 그들이 찾을 수 없을 만한 곳에
몸을 숨겨야 한다. 다행히 나는 집들과 골목들을
잘 안다. 이곳에서 한평생을 살았으니까.

  가장 안전하다고 생각했던 공간이 한순간에
탈출해야 하는 곳으로 돌변한다. 안전하다는
생각이 얼마나 안일한 것인지 알려 주겠다는 듯
침략자는 외롭고 낯선 곳으로 나를 몰아낸다. 밟을
수 있는 지상 끝까지 도망친다. 더 이상의 땅이
보이지 않으면 숨을 깊이 들이마시고 허공에 몸을
던진다. 매번 확신이 들지 않지만 다른 방법이
없다. 주춤하던 몸이 거짓말처럼 붕 떠오른다.
이건 꿈이 나에게 허락한 유일한 탈출로다.

목적지 없는 도망의 끝은 무엇일까. 어디로 가야 할지 모른 채 지상으로부터 점점 멀어진다. 이윽고 어둠이 찾아온다. 도시의 밤하늘은 외로움의 끝이다. 어느 건물의 옥상, 환풍기가 달린 구조물에 기대어 몸을 숨긴다. 이미 사방은 어둡고 거리는 고요하다. 막아 줄 벽이나 지붕이 없는 이곳이 오늘 밤 나의 집이다. 노란 불빛이 새어 나오는 창문과 아른거리는 그림자를 본다. 나의 것이었던 누군가의 아늑한 밤을 본다.

꿈들은 앞으로 펼쳐질 현실에 대한 복선이었을까.
도망치는 일이야 꿈에서부터 익숙했으니까.
발은 벌써 뒷걸음질을 치고 있어.
이 방법 말고는 끝맺는 법을 모르는 사람처럼.

언젠가부터 꿈의 방문이 잦아들었다. 할머니 집을 떠난 즈음부터였을 것이다. 쫓는 상대도 쫓기는 이유도 모른 채 도망치는 꿈도 꾸지 않게 되었다. 대신 현실 같은 꿈들이 찾아왔다. 대입을 코앞에 두고 어느 과목을 제대로 준비하지 못했다든가(문제가 되는 과목은 주로 수학이고 나는 불안으로 벌벌 떤다) 시험 당일에 지각하는 꿈들.

   그 시절도 지나 요즘은 수면의 세계가 잠잠하다. 이렇게나 별일 없이 잠을 잔 적이 있었나 싶다. 가끔 새벽에 깨기도 하는데, 꿈은 잘 꾸지 않는다. 덕분에 밤과 새벽의 시간이 고요해졌지만 나만의 세계를 빼앗겨 버린 것 같은 상실감이 든다. 도망치는 것 말고 다른 방법을 찾아서일까.

# 2
할머니의 유산

할머니의
꿈

할머니의 물건

 검정색 원피스를 입고 같은 색의 스타킹을 신은 후 몇 년 전 할머니가 준 목걸이를 목에 걸었다. 펜던트가 없는 납작한 물결 문양의 체인과 순도 높은 금색이 어딘지 예스러운 느낌을 풍기는 목걸이다. 할머니는 오늘을 예상하기라도 한 것처럼 보리 그림이 새겨진 작은 커피잔 두 세트와 열매가 그려진 청화 백자, 붉은빛이 도는 나무 함지를 목걸이와 함께 내게 넘겼다. 만듦새가 좋았고 두고두고 물려줄 법한 물건들이었다. 나는 건네진 물건들을 살피며 감탄했고, 할머니는 그런 나를 보며 흐뭇해했다.
 생각해 보면 할머니의 물건 중에는 탐나는

것이 많았다. 원목으로 된 흔들의자, 결혼 선물로
받았다던 우아한 자개장, 그 안에 걸려 있던
캐멜색 리넨 원피스, 나무와 유리로 된 장식장……
지금 떠올려 봐도 아름다운 물건들이다.

외출할 때는 광택이 도는 셔츠에 질 좋은 모직
바지를 입었던 할머니는 겨울이 되면 무릎을 몇
번이나 기운 털바지를 실내복으로 입었다. 늘
들고 다니던 검정색 가죽 가방은 부들부들해지다
못해 힘이 다 빠져 있었는데 할머니는 가벼워서
좋다며 아꼈다. 가방 안에 들어 있는 낡은 립스틱
케이스와 가죽으로 된 안경집, 커버가 떨어져
나갈 것 같은 손때 묻은 작은 수첩도 할머니의
물건이었다.

물려줄 만한 것이든 아니든 할머니 손에 들어간
물건들은 허투루 쓰이는 법이 없었다. 끝까지
소임을 다하는 것. 그것이 할머니 물건들의
운명이었다.

귀여운 할머니

아흔 해를 넘게 산 노인에게 다가오는 자신의

미래를 예측하기란 자기 집을 찾아가는 것보다 쉬운 일일지도 모르겠다. **자기가 불사조인 줄 알았던 거야.** 엄마가 자리에 없는 할머니를 조금은 나무라는 투로 말했다. 나아질 가망이 없는 신체에 갇힌 또렷한 정신을 지켜보는 시간이 길었다. 신체가 먼저 병드는 것이 나을까, 정신이 먼저 병드는 것이 나을까. 아무리 생각해도 답을 찾을 수 없었다. 여생을 침대에서 보내야 한다는 사실을 받아들이기란 지켜보는 사람에게도, 아흔 넘은 노인에게도 힘든 일이었다.

   코로나19로 요양 병원들이 문을 걸어 잠그기 전까지만 해도 할머니는 뉴스를 보고 함께 대화를 나눌 수 있을 정도로 정정했다. 할머니와 병실을 공유하는 사람들은 의사소통조차 제대로 되지 않을 것 같은 상태의 노인들이었다. 맞은편 자리의 할머니는 미동도 없이 하루 종일 누워만 있었다. 온전한 신체와 정신을 가진 사람도 그곳에서 일주일만 머무르면 병이 들지 않고는 배길 수 없을 것 같았다.

   할머니는 그곳에서 단연 돋보였다. 의식 상태도 그랬지만 외양도 그러했다. 언젠가부터 할머니의 얼굴에는 광채가 돌았다. 하얀 머리카락에 하얀 얼굴. 확실한 각을 그리고 있는 짧은 눈썹, 그 아래 동그란 눈동자. 단호함과 고집이 엷어진 얼굴은 평온하고 정갈하며, 청초하기까지 한 인상을 남겼다. 눈빛에 남아 있는 영특함은 아이의 것과 같은 귀여운 느낌으로 변했다.

  한창때의 할머니는 엄격한 훈장 같았다. 실제로 할머니는 나에게 한문과 영어를 가르쳐 주기도 했다. 그 위엄에 압도당한 내가 훗날 할머니의 위인전을 쓰겠다고 했을 정도였다(한창 동서고금 위인전을 섭렵하던 시절이었다). 그랬던 할머니가 나이 아흔 즈음 갖추게 된 귀여움이란 참으로 신기하고 반가운 것이어서 할머니만 보면 호들갑을 떨며 귀엽다는 찬사를 아끼지 않았다. 그런 취급에 익숙하지 않았을 할머니는 그런 나를 보며 재밌다는 듯 웃었다.

  그즈음이었다. 할머니가 다가올 날들을 헤아리며 물건들을 내게 넘긴 것이.

그리고 수많은 꿈들

  요양 병원에 찾아가 마지막으로 할머니와

시간을 보냈을 때 할머니는 꿈에 대해 얘기했다. 꿈을 많이 꾼다고 했고, 하루에도 몇 번씩 귀신이 찾아온다고 했다. 병원에서 나온 후에도 한동안 그 꿈들에 대한 생각을 멈출 수가 없었다.

얼마나 많은 사람들이 나타날까. 얼마나 많은 감정들이 소용돌이칠까. 평생 그리워했던 북쪽의 가족들을 하루에 한 명씩만 만나도 일주일은 훌쩍 가겠지. 옛 친구와 지인, 예상치 못한 사람들과의 만남도 있을 테지. 그중에 할아버지도 있겠지. 그러다 꿈에서 깨면 그리움과 회한, 두려움이 밀려드는 시간의 반복. 꿈과 현실, 시간과 공간의 경계가 사라지고 생과 사를 넘나드는 하루, 또 하루.

무료할 것이라 예단했던 노인의 일상이란 실은 엄청난 감정의 낙폭을 매일같이 견디는 일이 아닐까? 그것이 끝날 때까지. 그런 생각을 하면 나는 몇 번이고 두려워진다.

1928년생 김정임

젊어진다면 연애나 다시 진하게 하고 싶다고

했었지. 뭐든지 절제하는 데 익숙해 보이는 할머니와 연애는 상상도 하지 못했던 조합이라 피식피식 웃음이 났다. 놀라움에 짓궂음을 섞어, 여든 넘은 할머니가 연애하고 싶대요, 여기저기 말하고 다녔다. 그러면 누가 좋은 사람이라도 소개해 줄 것처럼.

할머니의 소원을 들었던 때로부터 한참이 지난 지금, 그것은 한평생 가장으로 살아야 했던 사람의 응어리임을 깨닫는다. 어깨의 짐을 내려놓고, 누군가에게 기대어 인생의 기쁨과 자유로움을 만끽하고 싶은 고단한 마음을 이제야 가늠해 본다.

황해도 출신 1928년생 김정임. 대농장의 중간 관리인이었던 아버지와 어머니 밑에서 칠 남매의 첫째로 태어났다. 학교에 보내 주지 않으면 죽어 버리겠다고 소동을 피워 학교에 갔다. 동생 셋을 이끌고 서울에 입성하여 당대 명문이었던 여학교에 입학했다. 사범대에 다니던 중 전쟁이 터져 고향으로 돌아갈 길이 막혔다. 안동에서 교사로 일하며 피란하던 중 총상을 입고 제대하여 같은 학교로 부임한 할아버지와 만났다. 그는 할머니보다 다섯 살이 어렸다.

전역 후 안동에 있는 한 학교에 교련 교사로 채용된 인섭은 그보다 몇 달 전 영어 교사로 부임한 정임의 옆자리에 앉게 된다. 정임은 준수한 외모와 쾌활한 성격을 가진 인섭에게 마음이 끌리고 인섭에 대한 호감을 은근하게 표현한다. 매일 아침 자신의 커피를 타면서 인섭의 커피도 같이 만들어 그가 오기 전 책상 위에 올려놓는 식이다. 마주치면 간단한 목례와 함께 미소를 지었다.

운동을 좋아하고 사람들과 잘 어울리는 인섭은 안정적인 성향과 세련된 취향을 가진 정임에게 조금씩 끌린다. 각기 다른 속도로 서로에게 다가가던 정임과 인섭의 마음이 만나던 날, 인섭은 정임에게 시간이 괜찮다면 저녁을 같이 먹자고 한다. 그는 정임이 입고 있는 옅은 올리브색 투피스가 정갈한 그녀와 잘 어울린다고 생각한다. 정임의 입가에 엷은 미소가 떠올랐다. 벚꽃이 흐드러지던 봄날이었다.

전쟁도 사랑의 시작을 막지는 못했다. 인류는 그렇게 자신의 명맥을 유지해 온 것이다. 딸들에게 엄마와 할머니의 역사는 호기심의 대상, 그 이상의 의미가 있다. 그것은 지근거리에서 목격해 온 동성 인류의 앞선 이야기이면서 태어나는 순간 자신의 일부가 되는 것이기 때문이다. 생명과 함께 주어지는 것, 나의 바탕색을 결정하지만 선택할 수도, 개입할 수도 없었던 것. 그렇기에 딸들에게는 그 역사를 알 권리가 있다.

만난 적 없는 할아버지와 좀처럼 자신의 이야기를 꺼내지 않는 할머니. 그 둘 사이에 놓인 관계의 지도를 그리는 일은 어둠 속에서 더듬거리며 희미하게 보이는 빛을 좇는 일 같았다. 엄격하고 책임감이 강한 할머니가 할아버지를 만나 어느 때보다 뜨겁고 자유로운 시절을 보내지 않았을까, 상상해 볼 뿐이다.

남아 있는 할아버지의 사진은 두 장. 모두 할머니와 함께 찍힌 사진이다. 첫 번째는 엄마의 결혼식장. 짙은 자줏빛 저고리와 미색 치마로 된 한복을 입고 손에는 하얀 장갑을 낀 할머니가 교회의 기다란 벤치에 앉아 있다. 그 옆에 말쑥하게 양복을 입고 가슴에 붉은 부토니에를 꽂은 할아버지가 앉아 있다. 각각 표정 없는 얼굴로 정면을 보고 있다.

이번에는 시내를 배경으로 찍힌 젊은 남녀의 사진이다. 정장을 잘 갖춰 입은 앳된 얼굴의 호리호리한 남자와 굵은 컬이 들어간 단발머리를 하고 칼라 있는 하얀 원피스에 어두운색 재킷을 걸쳐 입은 여자가 나란히 걷고 있다. 사진은 여자가 있는 방향의 아래쪽으로부터 찍혔다. 남자의 시선은 사진기를 향해 있고 여자의 시선은 걷는 방향의 정면을 향하고 있다. 남자는 미소를 짓고 있고 여자의 입은 남자에게 말을 하듯 살짝 열려 있는 것처럼 보인다. 이 안에는 죽음 따위가 끼어들 틈이 없다. 찰나가 영원이 되어 버린 순간. 다가오는 미래에 무지한 젊은 연인들. 두 장의 사진 사이에 놓인 시간에 대해서는 이제는 세상에 없는 두 사람만이 알 것이다.

작별 인사

   조문객은 받지 않는 단출한 장례식이었다. 입관을 지켜보고 화장을 기다린 후 작은 소나무 밑에 할머니가 남긴 재를 묻는 데에 꼬박 하루가 걸렸다. 각자 키워 주셔서 감사해요, 이렇게 될 것을 왜 한 번도 자신을 위해 살지 않았나요, 착하게 살게요, 하는 말들로 마지막 인사를 했다. 어쩐지 모두가 있는 자리에서는 쑥스러워 끝내 입

밖으로 내지는 못했지만, 나의 마지막 인사가 가장 할머니의 마음에 들 것이라고 확신한다.

    사랑해요, 할머니. 할머니가 언제라도 몇 번이고 뜨거운 연애를 하기를, 휘둘리고 내팽개쳐져 다시 태어나는 그런 연애를 하기를 진심으로 기원해요. 안녕히 가세요.

선명히
남는 것

코드명 세실

할머니는 이제 막 학교에 들어간 나를 가끔 미술관에 데려갔다. 어느 전시장에는 종이로 만든 인형들이 가득했다. 닥종이라 했다. 풍선같이 둥글게 부풀어 오른 얼굴에는 익살스럽고 천진한 표정들이 그려져 있었다. 텔레비전으로만 채워진 전시도 있었다. 텔레비전 위에 텔레비전들이 툭툭 쌓여 있었고 얼굴 자리에 텔레비전이 들어간 로봇도 보였다. 화면에서는 지지직거리며 흑백의 영상이 나오고 있었다. 각각의 전시장에서 가져온 기념엽서는 오랜 시간 동안 내 방을 돌아다녔다. 김영희와 백남준. 삼십 년도 더 전의 일이지만 그 이름들은 선명히 내게 남아 있다.

할머니가 마지막으로 나를 데려갔던 곳은 윤이상 작곡가를 기념하는 연주회였다. 나의 키가 할머니를 훌쩍 넘어 있을 때였다. 연주되는 음들은 공연이 끝날 때까지 귀에서 겉돌았지만 그날을 기억한다. 익숙하고 안전한 세계를 벗어났을 때의 낯설고 설레는 감각을 기억한다.

그리고 세실 레스토랑. 덕수궁 돌담길에 붙어 있는 대한 성공회 교회와 맞닿아 있던 오래된 건물 지하에 세실 레스토랑이 있었다. 할머니는 같은 건물에서 영어 수업을 받던 나를 그곳에 종종 데려갔다. 지하에 위치해 있다는 점을 오히려 강조하듯 레스토랑의 불빛은 조도가 낮았다. 그곳은 명백히 어른들의 세계였다. 초대장 없이는 어린이가 발을 들여놓을 수 없을 것 같은 공간이랄까. 비밀스러운 대화들이 시간과 함께 켜켜이 쌓여 있을 것만 같은 곳이었다.

언제나처럼 뜨거운 블랙커피 한 잔과 파르페가 나왔다. 어른들의 세계에 초대받아 어깨가 으쓱, 코가 머쓱해진 어린이에게 파르페는 결정적으로 깊은 인상을 남겼다. 그것이 담겨 나온 유리잔부터가 위용이 대단했다. 아래로 좁아지는 원뿔 모양에 동그란 받침이 달린 기다란 유리잔. 투명한 유리를 통해 시리얼과 색색의 후르츠칵테일, 아이스크림이 호화롭게 층층이 쌓인 모습. 꼭대기에는 핫 핑크에 가까운 체리 한 알, 초콜릿시럽과 무지개색 스프링클이 아낌없이 뿌려진 자태. 이런 대단한 음식이 나만의 몫으로 내 앞에 놓인다는 건, 아주 특별한 대접을 받는 기분을 누리게 해 주었다.

내가 파르페를 공략하는 동안 할머니는 네모진 각설탕 한 덩이를 커피에 넣은 다음 천천히 음미하며 마셨다. 어느새 커피라면 무조건 블랙으로 마시는 어른이 되어 버렸지만 세실 레스토랑의 파르페는 앞으로도 내 인생 가장 특별한 디저트로 남아 있을 것이다. 그 공간을 경험했던 어린이들이 얼마나 될지 몰라도 내가 그중에 한 명이었다는 사실을 자랑하고 싶다. 그 세계로 어린 나를 초대해 준 할머니가 있었다는 사실을 말이다.

넓은 뜻

무교였던 할머니는 식사 때마다 기도를 올렸다.

자신만의 의식을 치르듯이 손바닥을 맞붙이고
눈을 감은 뒤 **감사히 잘 먹겠습니다**, 하고 읊조렸다.
세상의 모든 신들에게 올리는 말인지, 농부들에게
하는 말인지, 생명을 내준 동물들에게 하는
말인지, 또 한 끼를 허락해 준 운명에게 하는
말인지 알 수 없는, 아마도 그 모두에게 올렸을
경건하고 겸허한 의식이었다.

음식을 남기기라도 하면 할머니로부터 굶고
있는 북한 아이들 이야기를 들어야 했다. 가까운
곳에 음식이 없어 굶는 아이들이 있다니, 그건
마음에 커다란 돌이 얹힌 것처럼 거북하고 불편한
이야기였다. 그런 생각을 할 때면 이미 들어간
음식들이 얹히는 기분에 더욱더 밥이 안 들어가곤
했다.

할머니는 어린 나에게 언뜻언뜻 문익환,
함석헌과 같은 이름들을 들려주었다. 그들이 어떤
사람인지, 얼마나 중요한 일을 했는지 설명해
주는 건 아니었고 문익환 목사님 집에 방문하여
그 부인을 뵙고 오는 길이다, 같은 식이었다.
그렇게만 말해도 할머니의 마음이 느껴졌기
때문에 누군지 몰라도 할머니가 존경하는
사람인가 보다 생각했다. 그 이름들이 김영희,

백남준, 윤이상과 같이 내게 남았기 때문에
기억한다.

   할머니는 훌륭한 사람들의 열렬한 지지자였다.
입신양명보다 대의를 품은 사람들. 그들에게
후원금을 보내고, 소식지를 받아 보고, 때로는
찾아가 안부를 묻는 방식으로 존경을 표시했다.

   엄마로부터 들은 이야기다. 할머니는 굴비를
무척 좋아했는데, 고향인 황해도가 굴비의 산지인
까닭에 어린 시절에는 굴비를 원 없이 먹었다고
한다. 대농장 관리인의 딸로 태어나 생활에 큰
부족함이 없이 지내던 할머니였다. 그러던 어느
날 집안의 일을 도와주는 사람들이 식사하는
모습을 우연히 본 할머니는 충격을 받게 되었다.
창고에는 굴비가 몇 두름씩 쌓여 있었는데 그들의
밥상에는 굴비는커녕 제대로 된 반찬을 찾아볼
수 없었기 때문이었다. 그때부터 할머니는 창고에
쌓인 굴비를 몰래 빼돌리기 시작했고 일꾼들의
밥상에는 굴비가 오르기 시작했다고 한다.

우는 아이와
누운 엄마

엄마와 아이

이거 봐라, 글씨 참 좋지?

할머니가 들고 온 건 어린 시절 엄마가 쓴 일기장들이었다. 할머니가 기대한 만큼 감흥을 느끼지는 못했지만 꾹꾹 눌러 가며 쓰인 흐트러짐 없는 글씨였다.

잘생긴 글씨가 상징하는 인내심, 규칙에 대한 순응, 자기 통제. 할머니는 엄마가 쓴 글씨에서 그런 가능성을 엿보았던 것이 분명하다.

동생들을 책임지는 맏언니. 전쟁에서 살아남은 자. 생계 부양자. 집안의 후견인. 남자 없는 여자들의 엄마. 그 계보를 이을 사람은 맏딸인 엄마였다. 엄마가 무너지지만 않았다면 시간이 엄마를 그 자리에 데려다 놓았을 것이다. 엄마 역시 가모장(家母長)의 인정을 받아 역사를 계승할 적녀(適女)로서의 역할을 자랑스럽게 받아들였을 것이다. 그러나 엄마의 말대로라면 엄마는 자신이 할머니의 기대에 미치지 못할 것 같다는 생각에 크게 좌절했고 끝내 그것을 넘어서지 못했다. 나는 할머니가 후계자 양성에 실패했다고 생각해 왔다.

입관을 보기 위해 어느 방으로 들어갔다. 온기라고는 느낄 수 없는 방 한가운데에 하얀 할머니가 누워 있었다. 격식 있게 옷을 입은 직원이 마지막 인사를 권했다. 모든 게 현실성이 없었고 모두가 눈물범벅이 되어 가고 있었다. 먼저 입을 연 건 엄마였다.

엄마의 좋은 점을 본받아 착하게 살게요, 엄마.

엄마의 입에서 느닷없이 아이의 말이 튀어나왔다. 단단히 꼬여 있다고 생각했던 서사의 첫 번째 매듭이 느슨해지는 것을 느꼈다. 울고 있는 아이와 누워 있는 엄마. 두 개의 상이 점차 서로에게 다가가더니 흔들리며 하나로 포개졌다.

엄마는 할머니로부터 진정한 독립을 한 적이 없는 것이다. 끈질기게 하나였던 것이다.

대필하는 편지

세상은 당신이었어
나를 세상에 불러온 이
인정받고 싶었던 단 하나의 사람

꼿꼿한 허리와 절제된 말투
흔들림 없는 표정
빛나는 이상

그러나
어김없이 어둠은 찾아와

손에 칼을 쥔 채 소리를 지르는 당신
최초로 사랑했던 남자의 낯선 얼굴
영원히 알고 싶지 않았던 모습들

그건 내 지옥이었어

불안과 무기력의 시작이었어

깊이 더 깊이 들어갔던 건
살기 위한 몸부림이었어
살 떨리는 고성도
살기 어린 눈빛도 점점 멀어져 가

물거품에 갇혀
끝없이 가라앉고 있어
빛도 소리도 웅얼거리다
모든 게 둔탁해져

떠오르는 아버지의 모습이
잠깐이나마 나를 구원해
다정한 눈, 자상한 목소리
느낄 수 있었던 사랑의 전부

당신의 천국이자 지옥이었던 남자
당신과는 헤어져도 나와는 그럴 수 없는 사람

무너진 건 당신의 야망만은 아니었어
내 세계도 같이 무너졌으니까

사방으로 튀는 잔해들에 맞서서
정신이 어떻게 되어 버렸는지도 모르지

세계는 사라졌어
있어도 없는 것처럼
유령같이 살았어

무너진 세계 밑에 깔린 채
몸은 계속 자랐어

다시 쌓아 올려야 했어
방법도 모른 채 서툴게 하나 둘 처음부터
여전히 복구 중이야 난

당신만큼 강하지가 못해서
고작 한 줌 시선에 말 몇 마디에 스러져 버릴 만큼
나약해 빠졌지
당신이 그걸 좀 인정할 수 있었다면 좋았을 텐데

인생 참 꿈결 같다고 생각했어
 난공불락의 성 같던 당신이 도움 없이는 양치질 하나 못 하게 되다니

한 번도 당신을 떠나 본 적이 없는데
당신의 부재에 대해 생각해 본 적이 없는데
당신은 영원히 살 것 같았는데

당신을 미워해야 하는지
존경해야 하는지
당신을 닮고 싶은 건지
도망치고 싶은 건지
언제나 헷갈렸습니다

이제는 알 것 같아요
모든 것이 나라는 사실을

당신을 미워하고
존경하고
닮고 싶고
당신으로부터 도망치고 싶었지만
아무래도 잘 되지 않은 것 같네요

여전히 당신의 존재를 느끼고 있어요
이제야 당신의 부재를 느낍니다
어쩌면 아직도 당신이 필요한지도 모르겠습니다

착하게 살게요,
엄마.

3
보호자를
잃다

보호자를 잃다

71 아이는 부엌을 떠나지 못한다. 그곳에 있는 칼이 신경 쓰이기 때문이다. 누군가를 해치는 무기가 될 수도 있는 것. 그런 일을 막기 위해 아이는 부엌에서 서성인다. 누군가 자신의 존재를 눈치채고 멈칫해 주기를, 머릿속에 자꾸 떠오르는 불상사를 막을 수 있기를 바라면서. 최악의 경우에는 그 칼을 직접 써야 할 수도 있다고 생각한다. 그 순간 칼끝을 바깥으로 향하게 해야 할지, 자신에게로 돌려야 할지 아이는 알 수가 없다. 시계 초침이 규칙적으로 돌아가는 소리만이 공간을 채운다.

1970년대에 어느 건축가가 직접 거주하기 위해 지었다고 하는 이 집은 방을 제외한 모든 벽이 붉은빛을 띠는 목재로 마감되어 있다. 잔디가 깔려 있었을 정원에는 그 흔적만 무참히 남았다.
감나무와 매실나무를 비롯한 많은 과실수들이
심어져 있지만, 직접 세어 보지 않으면 그렇게
많은 나무가 있다는 걸 눈치채지 못할 것이다.
나무들은 이 집의 주인이 아니다. 사실 이 집의
주인은 그 누구도 아니다.

지어진 시기를 고려한다면 충분히 호사스러운
이층집. 살뜰한 손길이 끊기지 않았다면 오랜
시간이 흘렀어도 꽤나 근사한 모습을 유지했을
것이다. 무성해진 잡풀과 나무의 그림자가 거실과
부엌을 점령해 집 안은 한낮에도 어둑하다.

정적이 흐른다. 아이는 더욱 신경을 곤두세운다.
펼쳐질 수 있는 상황들이 아이의 머릿속에서
돌아가고 있다. 상황별로 해야 할 일을 침착하게
되새겨 본다. 반복과 대비는 약간의 위안을
준다. 순간 날카로운 비명 소리가 들리고 아이는
안방으로 달려간다.

때려 봐! 또 때려 봐! 여자는 고함인지 비명인지
모를 악을 쓰고 있다. 말과는 다르게 여자의
몸은 잔뜩 움츠러들어 있다. 문간에 멈추어
선 아이를 확인한 여자의 얼굴에 희미한 빛이
스치고 지나간다. 든든한 지원군이라도 확인한 듯

의기양양한 빛이다. 여자는 이제 남자가 다시 손을 올릴 수 없다는 사실을 잘 알고 있다. 굳어 버린 아이가 앞에 서 있기 때문이다. 여자의 목소리에 힘이 실리고 남자의 얼굴에 당혹스러움이 피어난다.

이토록 적나라한 동물의 세계라니. 부모의 잠자리를 목격했을 때와 비슷한 강도의 충격이 아이를 뭉개고 지나갔다는 사실을 그들은 모른다. 다시는 이전의 세계로 돌아갈 수 없음을 아이는 직감했다.

여자는 이 전투에서 자신이 승리하기 위해서는 상대를 고립시켜야 한다는 사실을 본능적으로 알고 있다. 어쩌면 여자의 마음 한편에 이 적나라한 어른의 세계를 아이와 공유하고 싶은 욕망이 있었는지도 모른다. 아이는 자신의 편이 되어 줄 테니까. 상대에게 가장 치명적일 수 있는 사람을 아군을 두고 싶은 본능이다. 아이는 어른들의 싸움에서 효과적인 방패이자 무기가 된다.

그날 아이는 보호자를 잃었다. 슬프지 않은 것이 슬펐다.

불안의
유산

중학교에 다닐 때였다. 집에 오니 엄마가 다짜고짜 울기 시작했다. 아빠가 직장을 그만두게 되었다고 했다. 엄마의 우는 모습을 본 건 그때가 처음이었다. 그건 내게 익숙한 신경질이나 분노가 아니었다. 슬픔처럼 느껴지지도 않았다.

엄마의 불안을 처음으로 목격한 것이 그때였다. 엄마는 자신의 불안을 감추거나 적당히 위장할 생각이 전혀 없어 보였다. 어떤 표정을 지어야 하는지, 무슨 말을 해야 하는지 갈피를 잡을 수 없었다. 목각 인형처럼 엄마에게 붙들린 채 시간이 지나길 기다렸다.

다행히 불안은 내게 전이되지 않았다. 연료 없는 불이 꺼지듯 불안은 사그라들었고 그날 이후 누구도 그 일에 대해 언급하지 않았지만,

그것은 하나의 신호탄과 같은 사건이 되었다. 그날 이후로는 보이지 않던 것들이 보이게 되었으니까.

온갖 것들이 엄마를 불안하게 하고 있었다. 못생겨 보일까 봐(최대한 예쁜 옷을 입힌다), 친구들에게 안 좋은 영향을 받을까 봐(친구들을 경계한다), 인서울 못 할까 봐(학원에 집어넣는다), 납치당했을까 봐(집에 돌아온 나를 때린다), 그저 그런 남자애와 사귈까 봐(지랄한다), 그러다 덜컥 임신이라도 할까 봐(더 지랄한다), 그저 그런 남자와 결혼할까 봐(연을 끊자고 한다), 아니면 결혼을 못 할까 봐(결혼 알선 업체에 등록하겠다고 한다), 직장을 그만둘까 봐(빈다, 돌아가신 할머니께. 지현이 직장 잘 다니게 해 주세요).

불안은 계승되어 왔다. 할머니에게는 집을 오랜 시간 비워서는 안 된다는 강박이 있었다. 외출하는 엄마에게는 언제 들어오는지를 집요하게 물었다고 한다. 내게도 그리 낯선 이야기는 아니었는데, 내게는 스무 살이 됨과 동시에 통금 시간이 생겼기 때문이다. 그러나 이제 막 자유의 공기를 쐬기 시작한 스무 살에게 그것은 깨어질 운명이었고 그때마다 엄마는 자신의 불안인지 분노인지 모를 것을 여과 없이 표출했다.

엄마는 여자가 늦은 시각에 돌아다니다가 범죄의 대상이 될지도 모른다는 강박적인 공포를 갖고 있었다. 엄마가 통금의 정당성을 주장하며 내게 경각심을 심어 주고자 할 때는 홀로 산을 넘던 할머니가 강간 미수범을 만났다는 에피소드를 꺼내곤 했다. 할머니는 재기를 이용해 무사히 산을 넘을 수 있었지만 우리에게도 그런 일이 닥치지 않으란 법은 없다는 것이다. 엄마를 집에 묶어 두려는 할머니의 전략은 성공적이었다.

그러나 이어져 내려오던 불안은 나를 만나 굽이친다. 공포가 일상을 지배하도록 내버려 둘 수는 없었다. 그건 내가 두려움이 없거나 낙천적이어서가 아니라 엄마나 할머니보다 충동적이고 회의적인 사람이라서였다. 예측되는 모든 문제에 대비하는 자세로 살 수는 없는 노릇이었다. 외가에서는 나를 노 프로블럼 no problem, 낙천적인 아이라고 불렀지만 그건 오해였다. 나는 낙관적인 것이 아니고 느긋할 따름이다. 미래를 희망적으로 보거나 미래에 자신감을 가지는 타입이라기보다는 인내하고 걱정하지 않으려는 사람에 가깝다. 할머니도 엄마도 보지 못한 나의 불안은 외부적인 자극을 받아 일어나는 것이 아니었다. 그것은 나의 내부에서부터 자라고 있었다.

설명의 짐
— 울지 않고 말하기

스스로를 설명하고 싶은 욕망에 시달린다.
그렇게 된 지는 오래되었다.
해명이라고 해야 정확할지도 모르겠다.
나 자신에 대해 해명해야 할 것만 같다.
순간순간의 행동에 대해, 인생의 전환점이 될 선택에 대해 스스로가 납득하지 못하고 있기 때문일 것이다.

내색하지 않다가 발작적으로 울거나 화내기
선생님과 작별 인사를 하기 싫어서 마지막 수업에 가지 않기
좋아하는 마음이 받아들여질 것 같지 않아서 상대와 적극적으로 멀어지기
인생의 커다란 분기점이 될 수도 있는 선택을

저녁 메뉴 고르듯 해 버리기

모두 내게 속한 불안의 얼굴들이었다.
불안은 내게서 확신과 언어를 앗아 가고 나를
일단 뒷걸음질 치게 만든다.
그 얼굴들을 자세히 들여다보니 떠오르는
장면들이 있다.

열한 살이었고 학교에서 소풍을 갔다 온
날이었다. 당시 나는 '그레이스'라는 우아한 이름의
땅콩 맛이 나는 과자를 좋아했다. 당연히 전날
챙겨 놓았던 과자도 그레이스였다. 그러나 나는
포장도 뜯지 않은 과자를 가방에 고스란히 넣어서
집에 돌아왔고, 엄마는 이유를 물었다. 혼자 먹고
싶어서라고 대답했다. 엄마가 '나누기 싫어하는
이기적인' 나를 나무라자 얼굴이 뜨거워졌다.

유년기의 막바지에 이르면서 청소년의 자아가
막 생기기 시작했던 그해는 아무래도 모녀
관계가 재정립되는 해이기도 했던지 유독 그
당시 엄마와의 일화들이 생생하다. 당시에는
방학의 시작과 함께 『탐구 생활』이라는 학습지가
주어졌다. 『탐구 생활』에는 말 그대로 방학 동안

탐구해 볼 만한 주제들이 제시되어 있었는데, 그에 딸린 간단한 과제들을 수행하는 것이 방학 숙제였다. 나는 이『탐구 생활』을 무척 성실하고 열의 있게 대했는데, 그 결과 개학 후 언제나 상장을 받았다. 재밌어서 열심히 했는데 상장까지 주어지니 그다음 해에는 더 열의 있게『탐구 생활』에 임하곤 했다. 그 열기는 점점 과열되어 나의 성의를 증명하기 위한 갖가지 자료들(사진, 그림, 박제 등)을 남발하여 학습지에 붙여 대기에 이르렀다. 방학이 끝날 즈음엔『탐구 생활』이 처음 받았을 때보다 두 배 정도는 더 두터워져 있었다.

  그해 겨울의『탐구 생활』에는 눈snow의 결정을 관찰해 보라는 과제가 있었다. 이럴 때 '관찰'은 '공부'라는 말로 읽어야 한다는 걸 간파한 나는 도서관에서 책을 빌려 갖가지 눈의 모양들을 열심히 따라 그린 후『탐구 생활』에 붙였다.

  방학이 끝나 갈 무렵 동네에 사는 친구가 집에 찾아왔다. 눈의 결정을 관찰하라는 과제를 어떻게 했는지 보여 줄 수 있겠냐고 했다. 당연히 싫었다. 내가 내켜하지 않자 엄마는 나 대신 내『탐구 생활』을 친구에게 건네고 또 나를 나무랐다. 그렇게 나는 나누기 싫어하는 이기적인 아이가 되었다. 확실한 사실은 엄마가 그걸 교정하는 데에 완벽히 실패했다는 점이다.

　엄마에게 이야기를 하지 않게 된 건 자연스러운 일이었다. 내밀한 속마음을 꺼내지 않는 건 물론이고, 어느 순간부터는 시시콜콜한 잡담 역시 하지 않게 되었다. 이상하게 엄마와의 대화에서는 공감도 위로도 지지도 즐거움도 얻기가 어려웠다. 오히려 대화를 하면서 예상치도 못한 불안이나 걱정을 사 버리는 일이 잦았다. 그런 시간이 쌓여 엄마 앞에서 입술은 점점 더 굳어져 갔다.

　나밖에 모르는 사람도 누군가로부터 애정을 받을 수 있다고 스스로 인정할 수 있게 된 건 그로부터 많은 시간이 지난 후였다. 남자들이 없었던 건 아무것도 아니었다.

―

　아이와 같이 살게 되면서부터 서점의 유아·어린이 코너를 드나들게 되었다. 그러면서 알게 된 사실은 아이들 책이 어른들의 책만큼이나 다양한 주제를 다룬다는 사실이다. 왜 아이를 위한 동화책은 단순하고 밝을 것이라고만 생각했을까.

외로움이나 상실, 결핍이 어른들의 전유물이
아니라는 사실을 삼십 년 전의 나는 알고 있었을
텐데 말이다.

아이들을 독자로 삼아 만들어진 책을 보다
보니 확실해지는 사실이 있다. 공존하는 법을
터득하고, 그 과정에서 피고 지는 무수한 감정의
이름들을 알아 가는 일은 어릴 때부터 시작되어야
한다는 것, 자연스럽게 할 수 있는 일이라기보다는
가르침과 안내가 필요한 일이라는 것이다.

자라면서 이 과정을 충분히 연습할 기회가
없었던 어른들 역시 아이들을 위한 책에서
깨달음과 위로를 얻는다. 어린이책 코너를
뒤적거리는 건 아이를 위한 책을 찾기
위해서이기도 하지만 내게 필요한 이야기를
발견할 수 있으리라는 기대 때문이기도 하다.

원하는 것을 말하지 못하고 울기만 하는 아기
곰이 주인공인 책이 있다. 장난감이 고장 나서,
친구들끼리만 놀이를 하고 있어서, 그네를 타고
싶은데 먼저 타고 있는 친구가 있어서 아기 곰은
운다. 원하는 것을 정확하게 표현하는 친구들은
원하는 것을 얻지만 울기만 하는 아기 곰은
원하는 걸 얻지 못한다. 그랬던 아기 곰이 울지

않고 원하는 것을 말하기 시작하면서 원하는 것을 얻고 친구들과도 재미있게 놀 수 있게 되었다는 이야기다.

단순한 줄거리고, 제시하는 바가 명확하지만 아이를 키워 보거나 가까이서 관찰해 본 사람이라면 아이가 울지 않고 말하게 되기까지 얼마나 많은 시간과 훈련이 필요한지 알 수 있을 것이다. 아이가 뭔가 마땅찮아 울기 시작할 때 **울지 말고 말해 볼까** 하고 말한다. 아이는 이제 원하는 것을 충분히 말할 수 있을 만큼 자랐다. 그러나 나의 말을 들은 아이는 더 크게 운다.

그래도 말로 해야지. 안 그러면 다른 사람들은 알 수가 없어, 하고 누구에게 하는 말인지 모를 말을 한다. 거절당해도 괜찮아, 잘 못 해도 괜찮아, 너는 고유한 존재고, 그 자체로 아름답거든. 우주에서 단 한 명이라도 너를 조건 없이 사랑해 준다면, 너는 괜찮을 거야. 그리고 너는 이미 그런 사랑을 가졌으니, 그 사랑은 영원한 것이니 아무렴, 너는 천하무적이란다. 듣고 싶었던 말을 한다.

내게는 이런 풍경도
남아 있어

 언젠가부터 말이 없어진 나와 달리 엄마는 나에게 많은 이야기를 했다. 너무 많은 이야기를. 주로 집안사람들에 대한 이야기였다. 남편이 일상적으로 부재했기 때문이었는지, 자신과 닮은 장녀라서였는지, 무슨 말을 해도 잘 들어주어서였는지는 몰라도 나는 오랜 시간 엄마의 대나무 숲이 되었다. 말들은, 그것이 품고 있는 정서와 함께 마디마디에 스며들었다.

 아빠가 얼마나 이기적이고 무책임한지, 친가 사람들은 얼마나 몰염치한지, 자신의 어린 시절이 어떻게 망가졌었는지 나는 너무 잘 알게 되었다. 뭐가 문제인지 엄마는 아직도 모를 게 분명하다. 맙소사, 나는 당신의 딸인데! 동시에 당신 남편의 딸이기도 하고, 누군가의 손녀이기도 한데!

지금까지도 나는 엄마가 어떤 면에서는 나를
자녀가 아닌 남편이나 자매, 친구의 대체물로
대했던 게 아닐까 의심한다. 어쩌면 모든 문제가
거기에서 시작됐는지도 모른다.

    나의 독립은 엄마의 진실에 대한 의심에서부터
시작됐다. 무엇이 나의 것인지를 가려내야 했다.
온갖 뒤엉킴으로부터 나 자신을 떼어 내야 했다.

—

    명절 때마다 들렀던 친가는 늘 북적북적했다.
결혼해서 미국으로 간 첫째 고모와 결혼하지 않은
막내 삼촌을 제외한 삼 남매들은 자신들이 이룬
가족을 데리고 한데 모였다.

    작은 방 하나, 큰 방 하나에 바깥으로 이어지는
반지하 같은 부엌이 있던 공간은 그 용도와
사용자들로 명확히 구분되었다. 큰 방은 머릿수가
많은 아이들 차지였고, 작은 방에는 아들과 사위
들이 모였다. 방에서는 명절 내내 TV가 켜져
있었고 여자 어른들을 제외한 모두가 그 TV를
향해 앉아 식사를 기다렸다. 나와 아빠가 각자에게
할당된 공간에 들어가고 나면 엄마는 반지하의

부엌으로 향했다.

여자 어른들의 공간. 그곳은 명절 때마다 가동되는 공장이었다. 노동조합도, 연차도, 고충을 하소연할 동료도 없는 직장. 대낮에도 어두운 작업실. 씻고, 썰고, 끓이고 볶는 노동이 명절 내 반복된다. 엄마는 몇 번의 설과 추석을 그곳에서 났을까.

무수한 음식 접시들을 얹은 교자상이 큰 방으로 옮겨지면 식전 기도가 시작되었다. 신자들에게 둘러싸인 가운데 나는 손을 모으고 눈을 감은 채 할머니의 주문 같은 기도문을 들었다. 우리 장남 가족을 복되게 하옵시고, 이 자리에는 없지만 우리 첫째 딸, 그리고 우리 둘째 딸, 셋째 딸, 막내아들, 그리고 그 모든 자식들을 복되게 하옵시고……. 모두를 복되게 한 뒤 마침내 아멘이 울리면 식사가 시작되었다. 복된 명절임을 과시하듯 음식은 넘쳐 났다. 모두가 서로에게 음식을 권했다. 한바탕 식사가 끝나면 여자들은 다시 부엌으로 들어가 과일 상을 내왔다. 우리는 숙제를 해치우듯 큰 방의 가장자리에 둘러앉아 과일을 먹었다.

아이들은 구멍가게로 달려가 어른들에게 받은 용돈으로 과자나 아이스크림, 조잡한 장난감을 골랐다. 호황의 마지막 온기가 남아 있던 시절이라 어른들의 지갑은 두둑했다. 이런 날이면 아이들의 호주머니도 덩달아 묵직해졌다. 골목과 집 안에서는 아이들만의 시공간이 펼쳐졌다. 친가 어른들의 성화에 못 이겨 동네 교회에 가서 간식을 얻어먹고 골목을 공유하는 노인들의 3세들과 우르르 몰려다녔다. 오랜 시간 외동이었던 나는 그런 와글거림에 곧잘 들뜨곤 했다.

그렇지만 화장실만큼은 참을 수가 없었다. 그 집의 유일한 화장실은 마당 한구석에 있었는데 수세식이어서 줄을 잡아당겨 물을 내리면 종아리 언저리와 머리 위로 물이 튀곤 했다. 그 화장실을 이용하는 게 끔찍이도 싫어서 나는 종종 시멘트 수돗가에서 소변을 보다가 삼촌과 눈이 마주치곤 했다. 반쯤의 수치심과 반쯤의 무구함. 한평생 변변한 직업 없이 살던 그 삼촌이 간경화로 죽었을 때 아빠도 엄마도 없이 혼자 장례식장에 갔었지. 장례식장은 사람도 많이 없어 조용했다. 멀뚱하게 있다가 사촌 언니와 햄버거를 먹으러 갔던 기억이 난다. 아무도 울지 않는 장례식. 내 비밀을 알고 있는, 그러나 한 번도 대화를 나눠 본 적 없는 누군가의 너무나 조용한 마지막.

삼촌이 쓰던 방 한쪽 벽에는 작은 다락이 하나 나 있었다. 계단도 없이 공중에 떠 있어서 어린애들은 스스로 올라갈 수 없는 곳이었다. 안에는 옷가지나 사용하지 않는 물건들, 온갖 잡동사니가 뒤섞여 퀴퀴한 냄새가 났다. 미닫이문을 닫으면 외부로부터 차단되는 그 공간을 사촌들 중 첫째와 둘째인 사촌 언니와 내가 그냥 둘 리가 없었다. 그날도 어김없이 다락방에 올라 이것저것 뒤지다가 구석 어디선가 여러 권의 만화책을 발견했다. 언니와 나는 누가 먼저랄 것도 없이 책을 펼쳤고 삼촌(어른들)이 어두운 다락방 깊숙이 숨겨 두고 싶었던 비밀을 마주하고야 말았다. 우리는 끌려가듯 알 준비가 되어 있지 않은 세계 속으로 빨려 들어갔다. 누구도 어떤 말도 하지 않은 채 숨죽여 흐르던 시간. 얼마쯤 시간이 지났을까. 약속이나 한 듯 동시에 아무 일 없었던 것처럼 다락방에서 내려왔다.

　가난과 불결의 냄새를 풍기던, 사람도 음식도 넘쳐 났던 집. 자동차가 진입할 수도 없었던 그 좁은 골목들과 낡은 집들은 증식하는 부에 대한 욕망 속으로 사라지고, 사람들은 삶을 허락하는 곳으로 떠났다. 그사이 노인들은 하나둘 세상을 떠났다. 물론 노인이 되지 못한 채 세상을 떠난 이들도 있었다.

―

 내게도 아빠와의 즐거운 기억이 있다. 긴 부재로 인해 나쁜 기억이 쌓일 틈이 없어서인지는 몰라도 사실 좋았던 기억이 더 많다. 퇴근할 때 사 오던 페리카나 양념통닭, 수영장에서 하던 술래잡기, 아빠가 타는 법을 알려 준 두발자전거, 일 년에 한 번 떠났던 여름휴가. 아찔한 대관령 고개를 굽이굽이 넘던 일, 안개가 자욱한 오대산을 통과하던 이른 아침, 바닷가 모래사장에 자동차 뒷바퀴가 빠졌던 날, 얇은 천을 사이에 두고 등에 닿는 모래알을 느끼며 텐트에서 자던 밤들.
 부모님이 연애결혼을 했다는 친구의 말을 들으며 부럽다고 생각한 적이 있다. 그 당시 나에게 연애란 사랑이 있었다는 증거였고, 시작이 사랑이었다면 중간에 그게 어떻게 되든 상관이 없다고 생각했다. 나는 사랑의 아이일 테니까. 그건 누구도 침범할 수 없는 사실일 테니까. 전설이나 환상적인 서사까지는 아니더라도 적어도 모든 게 시작된 그 최초의 밤은 아름다웠다면 좋겠다. 그곳에 사랑이 있었다면 좋겠다.

4
여전히 유일하고 특별하고 싶다

사랑도 당신도
없는 곳으로

93   도망쳐 나온 건 시간이 묻은 집이 아니야
   초조함 걱정 불안 짜증 신경질 분노 우울 무기력함
   당신이 기억조차 못 하는 당신의 부산물들이 그 안에 뒤죽박죽

   초조함과 걱정이 만나면 손질을
   불안과 분노가 만나면 폭언을
   우울과 무기력이 만나면 중독을 낳지
   그리고 모든 게 다 합쳐지면 당신이 되지

   삼십 년이 넘도록 들여다보지 않은 곳
   부패한 물이 발목에서 찰랑거려
   참방참방

주의력 없게 물장난을 쳐
얼마쯤은 땀구멍을 타고 몸속으로 침투해 들어왔을지도 모르지

한 번의 사인이면 충분했어
모든 조건이 갖추어져 있었거든

And then the sign goes

더
    러
        워

and then it goes

B O O M !

(아주 시의적절한 말이었어)

형제자매들과 함께 손을 잡고 날아가
사랑도 당신도 없는 고아의 섬에 떨어져
비빌 언덕이 없는 곳에서 서로의 언덕이 되어 줘

너에게는 안정이 필요하구나
(우리가 옆에 있어 줄게)
너에게는 응원이 필요하구나
(하고 싶은 대로 해 보렴)
너에게는 칭찬이 필요하구나
(너는 정말 특별해)
너에게는 위로가 필요하구나
(그동안 힘들었지)
너에게는 들어 줄 사람이 필요하구나
(우리가 듣고 있어)
너에게는 사과가 필요하구나
(미안해)
우리가 널 사랑해 줄게

―

존중받지 못할 감정 따위 없는 게 나았다
한 번도 사랑받는다고 느껴 본 적이 없어
쥐어짜 낸 용기에 내지르고 싶은 충동을 더해 내뱉는다

내가 원했던 건 사랑이었구나

당연한 사랑을 갈구하는 나
가엾고 불쌍하다
당연한 사랑을 주지 않는 당신에게 화가 난다

돌아오지 않는 대답
아무 말이라도 상관없으니 대답을 해
이건 다시는 없을 시험이야

삶이 힘겨워 사랑을 느껴 본 적이 없네
이렇게라도 말하란 말이야

그러나 당신은 또 못 들은 척이다

나의 진실을 외면한 당신에게는 진실을 들을 수 없는 벌을 내릴 거다
당신을 향한 내 모든 감정을 대나무에 쑤셔 넣고 납땜해 버린다
당신은 영원히 내 마음의 소리를 들을 수 없을 것이다

나가는 문과 함께 들어오는 문도 닫아 버렸다는 사실을 모른 채

길을 잃었다
텅 빈 공간은 영원히 비어 있을 것이다

진화할
준비

꿈은 언제나 내 곁에 있었는데, 그걸 악몽이라고
말하기까지는 시간이 좀 필요했다. 나에게 꿈은
늘 그런 것이었기 때문에. 나이트메어 nightmare가
아니라 나이트 메이트 night mate일 정도였으니까.
고향을 떠나 이 집 저 집을 전전하다가 정착한 두
번째 집. 그곳에서 꿈의 양상이 달라졌다. 가려져
있던 얼굴이 드러나기 시작한 것이다. 그리고
당신을 만났다. 두 번씩이나.

왜 나를 죽이려 했지?

두 번째 꿈에서는 결국 당신과 마주하고 있다.
손을 뻗으면 닿을 정도로 가까운 거리. 흡사
거울을 보듯 당신의 얼굴을 확인한다. 처음과

같은 충격은 없다. 올 것이 왔다고 생각하던
찰나, 칼이 내려와 가슴팍에 꽂힌다. 망설임
없는 움직임. 거짓말 같은, 그러나 너무 선명한
죽음을 직감한다. 나를 이 세상에 있게 하고, 또
거두는 사람. 당신의 얼굴에는 동요가 느껴지지
않는다. 어떤 독립은 죽임으로써가 아니라 죽임을
당함으로써 시작된다. 나의 독립은 수동형으로
시작되었다.

—

어떤 싸움보다 지저분한 싸움을 당신과 했고,
어떤 말보다 모욕적인 말을 당신에게서 들었다.
나는 어떻게든 회복할 것이다. 그러나 당신은
그럴 수 없을지도 모른다. 손에 쥐고 있던 무기가
방향을 틀 수도 있다는 생각을 했었어야지. 이건
배신이 아니고 징벌이다.

열다섯 살 무렵, 작은 아파트의 베란다 딸린
작은 방에서 분노인지 슬픔인지 공허함인지 알기
어려운 마음이 차오를 때면 이런 상상을 하곤 했다.

**화장실에 들어가 밖에서도 소리가 들릴 만큼
거칠게 문을 닫은 후 잠근다. 세면대 마개를 닫고**

물을 가장 세게 틀어 놓는다. 이윽고 물은 세면대를 가득 채우고 넘쳐흐른다.

당신은 한참 후에나 나의 부재를 감지하겠지. 딴짓하고 있지는 않는지 확인하기 위해 좋아하지도 않는 과일을 갖다준다는 핑계로 방에 들어오겠지. 내가 자리에 없다는 걸 발견하고는 그제야 나를 찾다가 화장실 문손잡이를 돌릴 것이다. 손잡이는 반쯤 돌아가다가 잠금장치에 막혀 버린다. 문을 두드리며 소리친다. 거기 있니, 너? 불길한 기운을 느끼며 열쇠로 문을 딴 당신은 쓰러져 있는 나를 발견한다. 흔들어 보지만 깨어날 수 없는 나. 그 모든 과정을 멀리서 짜릿하게 지켜본다. 당신의 충격과, 바라건대, 후회를 낱낱이 두 눈에 담는다.

그러나 당신은 끝내 나의 선택을 이해하지 못할 것이다. 자신에게 내려진 벌을 이해하지 못하는 자. 축복인가 저주인가.

—

언젠가 엄마는 내가 너무 특이해서 짝을 찾지 못할 거라 생각했다는 자신의 속마음을 내게 말해 버렸다. 나는 파트너는 둘째 치고 엄마가 어떻게 사람을 만나고 관계를 유지하는지 늘 의문이다(물론 나는 엄마와 다르게 그런 말을 입 밖으로 내지 않는다). 엄마가 보기에 나는 내 생각만 하고 내가 보기에 엄마는 자신을 돌아보지 않는다. 자기중심적인 인간과 일방적인 사람이 만난 셈이니, 관계가 잘 풀릴 리 만무하다. 사실 서로에 대한 이런 인식의 저변에는 각자가 서로에게 바라는, 다시 말하면 각자가 상대방에게 섭섭해하는 지점이 깔려 있다. 엄마는 내가 자신에게 살갑기를 바라고, 나는 엄마가 스스로를 의심할 수 있기를 바란다.

    객관적인 사실만 두고 보면 우리는 가정을 이루었고(그 이후는 별개의 문제로 치고) 적지만 친구도 있으며, 수년간의 직장 생활을 버텼으니 사회생활이 불가능할 정도로 자기중심적이거나 일방적인 사람들은 아닐 것이다. 문제는 우리 사이에 흐르고 있는 불신이다. 서로의 자질에 대한 의심. 나니까 참아 준다는 오해 또는 오만.

    인정하고 싶지 않은 게 있는데, 내가 엄마를 닮았다는 사실이다. 이 사실을 평소에는 의식하지

않고 지내다가 사진첩에서 엄마가 찍힌 사진을
발견할 때마다 불쑥불쑥 놀라고 만다.

내려다보이는 얼굴의 윤곽이 유난히 닮았다.
이마와 코가 이어지는 선이라든가 눈매, 입술의
모양이 어김없다. 작은 불씨라도 만나면 금세 불이
옮겨붙을 것 같은 메마른 얼굴. 나이를 더 먹으면
저런 얼굴이 되는 건가. 물건을 잘 쓰러뜨리거나
잘 깨뜨리는 것도 비슷하다. 예컨대 테이블에
있는 저 가위가 필요해, 하는 생각이 들면 목표는
가위가 되고, 테이블까지 가는 데에 조심해야 할
요소(바닥에 놓인 물컵, 가구 모서리)들은 신경
쓰지 않아 물컵을 쓰러뜨리고 모서리에 종아리를
박는 것이다. 약간 경주마 같다고 할까. 외골수
기질에 하기 싫은 일은 피해를 감수하면서까지
하지 않으려는 것도 공통점이다.

나에 대한 태도는 자기혐오의 일종이었을까.
외형적으로 닮아서 타인이라는 사실을 인정하기가
어려웠을까? 심지어 내가 자신의 뱃속에서
나와서?

나이가 들면서 내가 엄마와 점점 닮아 가고
있다고 누군가 주장한다. 그게 무슨 뜻인지 나는
단번에 안다. 무시하는 척했지만 그 말은 나의

근원적인 두려움을 건드린다. 두려움의 시작은
언젠가 했던 엄마의 말이었다. 나이가 들면
사회생활을 하면서 적당히 통제하고 관리해 왔던
자신의 '진짜 모습'이 나와 버려 무섭다는 말.

　엄마는 수분이 날아가 버린 고목 같다. 물기 하나
없이 바싹 말랐다. 한때 엄마는 활화산 같았는데
마른 장작처럼 되어 버렸네. 자신의 화에 못 이겨
스스로 타 버린 걸까. 엄마는 흥분하며 화를 낼 때
가장 생기가 돌았다. 직장 상사와 맞섰던 얘기를
무용담처럼 늘어놓거나 지나가던 행인과 시비가
붙거나 나에게 소리를 지르거나. 그럴 땐 온몸에서
뿜어져 나오는 에너지가 눈에 보일 지경이었다.
요즘에는 그런 엄마를 볼 일도 없다.

　수영으로 다져진 몸과 하얗게 세어 버린 머리가
자연스러워졌다. 눈이 내려앉은 고목 같다.
무언가에 맞서지도 않지만 삶에 대한 감사나
충만함도 느껴지지 않는 나무. 시간이 지나가기를
기다리고 있는 것처럼도 보인다. 지금까지의 삶은
무엇이었을까.

　나의 불화하는 성질은 엄마에게서 온 것이다.
하지만 나는 진화(進化/鎭火)할 준비가 되어 있고,
주변에 어른이 없다는 건 너무나 슬픈 일이다.

여전히 유일하고
특별하고 싶다

처음으로 그 생각을 하게 된 건 열 살 무렵, 버스 안에서였다. 자리에 앉아 창문을 바라보고 있었고 햇살을 받은 먼지들이 깃털처럼 느리게 허공을 떠돌고 있었다. 봄이나 가을이었을까.

길가다 난데없이 하늘에서 떨어진 고무공처럼 **나는 누구지?** 한 문장의 질문이 예고 없이 내게 떨어졌다. 눈앞에서 고무공이 탱, 탱 허공으로 튀어 올랐다 내려오길 반복하고 있었다. 처음으로 스스로의 존재에 대한 질문을, 의심을 품는 일은 유체 이탈을 경험하는 것과 비슷한 느낌이었다. 나의 존재는 분명히 자리에 그대로 있었지만 분리된 또 다른 내가 나를 응시하는 시선이 느껴졌다. 여전히 그 버스 안을 생각하면 나의 유체 이탈을 목도하는 기분이 든다.

―

쟤랑 놀지 마. 한 무리의 여자애들이 다가와 은밀하게 말한다. 편 가르기, 수군대기. 배제와 확장의 욕망. 관계의 영토 싸움이 시작된 것이다. 누가 가르친 것도 아닐 텐데 인간이란 참 신기하기도 하지. 학기 초가 되면 누가 반장이 되고 부반장이 되는지에 관심이 쏠렸다. 학급 임원이 된 아이들은 햄버거와 콜라 따위를 돌렸다. 투표일 전에 학교 앞 분식집에서 지나가는 아이들에게 떡볶이를 사 주던 아줌마도 있었다. 선거철에만 찾아오는 특식이랄까.

이학년 담임은 여자 부반장이 된 내게 받아쓰기 채점을 맡겼다. 쉬는 시간에 다른 아이들의 공책을 옆에 쌓아 놓고 '참 잘했어요' 도장을 찍어 주는 건 아무래도 어깨가 으쓱해지는 일이었다. 담임은 내게 또 다른 특별 대우를 해 주었는데, 가끔 근처 정육점에서 고기를 사 오라는 심부름을 시킨 것이었다. 그런 심부름을 시킬 때엔 떡꼬치 하나 사 먹으라고 돈을 얹어 주곤 했다. 고기가 든 검은 봉지를 한 손에 쥐고 떡꼬치를 먹으며 학교로 향하던 오르막길이 생각난다. 아이들은 모두 교실에 있어 한산했던 그 길.

남자애들은 새로 산 나이키 축구화를 자랑하는 데 열을 올렸고, 여자애들은 조심스럽게, 그러나 궁금증을 감추지 못한 채 서로의 1순위와 2순위를 물었다. 비밀은 순식간에 퍼져 나갔다.

—

어떤 타입의 여자애들에게 끌린다. 주로 차분하고 키가 큰 여자아이들. 처음으로 집 밖에서 애착의 대상이 생긴다. 우리는 가능한 한 모든 것들을 함께하려고 한다. 화장실 한 칸을 같이 쓰는 것은 물론, 동네 가게나 문방구를 갈 때조차 전화를 걸어 약속을 잡는다.

『쎄씨』나 『키키』를 빌려서 돌려 읽는다. 비만 오면 더 곱슬거리는 머리카락을 모델처럼 곧게 펴고 싶어 한다. 새로 나온 화장품을 확인한다. 저걸 바르면 되는 건가? 깨끗하게, 맑게, 자신 있게?! 같은 반 잘나가는 여자애들의 인기 비결을 분석하며 우리는 역시 안 된다고 생각한다(이유:

발랄하지 못해서). 이대 앞에서 값싼 운동화나 티셔츠를 고르며 잡지에서 본 모습을 따라 해 본다. 가끔은 똑같은 옷을 사서 쌍둥이처럼 입고 다닌다. 하루 종일 붙어 있으면서도 틈만 나면 서로에게 편지를 쓴다.

—

쉬는 시간이 되면 창틀에 팔을 걸치고, 마치 있어야 할 곳인 것처럼 하늘을 보았다. 아이들의 말소리, 발소리, 웃음소리를 뒤로하고 두껍고 더러운 커튼 속에 몸을 숨긴 채 포복하듯 지나가는 구름을 본다. 파랗거나 희거나 회색의 하늘을 본다. 애착과 질투가 난무하던 단짝의 세계를 지나 조용히 침잠하는 새로운 세계가 시작되고 있었다.

—

여학교에 입학하니 많은 것들이 사라졌다. 사춘기 특유의 번들거림도, 자꾸 의식하게 되던 남자애도. 그러자 갑자기 죽음이 나타났다. 모든 것은 결국 사라진다는 진리가 나를 압도하기 시작했다. 존재의 이유를 찾아 헤맸다. 그게 꼭 있어야만 했다. 곧 소멸해도 지금 존재해야만 하는 이유. 그래야 모든 게 의미를 갖게 될 테니까.

죽고 싶은 건 전혀 아니었다. 그건 너무나 큰 어둠, 의미 없음 그 자체였으니까. 죽음으로부터 뒷걸음치면서 내내 죽음에 사로잡혀 있던 시간. 언젠가부터 아이들은 나를 '친네(노친네)'라 부르기 시작했다.

—

세상은 온통 **나**로 가득하다.
군중 속에서 고요하거나,
침묵 속에서 소란하거나.
나는 언제나 나와, 오직 나와 함께한다.

—

찬양 대회나 반별 장기자랑에는 마지못해 끌려갔다. 경쟁심과 자신감에 불붙은 아이들은 최고라는 찬사를 받기 위해 쉬는 시간까지 연습에 열을 올렸다. 지휘하는 자, 그들을 동경하는 자,

말이 없는 자로 나뉜 아이들. 내게는 운동장에 깔린 흙 속에 화석이 얼마나 섞여 있을지가 더 흥미로운 주제였다.

복도 끝에 있는 도서관에만 가면 바짝 마른 수세미가 물을 먹은 것처럼 마음이 말랑해졌다. 명문 여학교라는 명성에 걸맞지 않게 비좁은 곳이었다. 나무로 된 낡은 문을 열면 기도실 같은 내부가 나왔다. 키가 큰 철제 책장들이 창문에서 들어오는 빛을 차단해 오후 햇살이 비스듬히 비추던 곳. 세계 곳곳에서 작가들이 보낸 글이 책장마다 꽂혀 있다는 사실만으로 충만했던 공간. 뭔가를 끈질기게 읽지 않더라도 이 책 저 책 뒤적이며 시간을 보내는 게 좋았다.

또 하나의 기억. 단체 채플이나 외부 인사의 강연이 열리던 대강당의 무대 뒤편. 어둑한 가운데 나무와 철제로 된 구조물, 뒤엉킨 전선들이 노출된 그곳으로 누군가 나를 안내했다. 진짜 무대는 무대 뒤편이라는 사실을 알고 있던 걸까. **미지에 대한 알 수 없는 설렘**으로 두 개의 심장이 터져 나갈 듯이 뛰었다.

Girls be ambitious

그놈의, 아니 그년의 21세기 글로벌 여성 리더.
21세기 말고는 이해할 수 없는 말.

할머니는 어린 내게 종종 야망이 없는 게 문제라고 하셨다. 야망을 좀 가져 봐야겠네, 하는 생각은 들지 않았다. 오히려 청개구리 기질은 나를 더욱더 야망의 반대쪽으로 몰고 갔다. 그렇다면 소시민이 되는 것을 꿈이라고 하자. 그건 어느 정도의 진심이었다. 주변 어른들과 다르게 행복한 소시민으로 살 수 있다면 성공한 인생이겠다, 싶었으니까.

그런 내가 글로벌 여성 리더를 양성하겠다는 학교에 들어갔으니 이곳에서 나의 꿈은 바뀌게 될까? 어떻게 될 것이든 팔로어나 아웃사이더의 역할을 무시하는 곳에 나의 애정을 줄 수는 없는 법이었다.

그러나 그것도 알고 봤더니 다 그럴듯한 명분이었을 뿐. 그곳도 효과적인 입시 학원 이상은 아니었다. 쉬는 시간이 되면 메타세쿼이아나무 밑에 앉아 원서로 된 소설을 읽을 거라 상상을 했던 내가 대책 없이 순진했던 것이다. 현실의 쉬는 시간에는 우르르 매점에 몰려가 허한 기운을 채우거나 책상에 엎어져 부족한 잠을 보충하기에 바빴다.

물론 할머니나 엄마는 내가 그 학교에 들어갔다는 데 무척이나 만족했다. 양육의 큰 목표로 삼고 있던 성공적 교육을 증명할 첫 성과였을 테니까.

베이비 붐 세대 부모들이 민족 중흥의 역사적 사명을 띠고 태어났다면, 우리는 그들이 못 이룬 **더 나은 삶**을 완수해야 했다. 좋은 대학에 입학하는 건 그 성공의 필요충분조건처럼 여겨졌다. 다들 학교만 잘 가면 만족스러운 인생이 펼쳐질 것처럼 굴었다. 인생의 비밀을 감추고 정말 믿고 있는 건지 의심스러운 장밋빛 미래를 속삭이면서. 대학 가면 네가 원하는 거 다 해도 돼. 대학 가면 네가 원하는 거 다 해도 돼. 대학 가면 원 하 는 거 다

1997년이 기억난다. IMF 사태는 태어나 처음으로 인식하게 된 국가적인 위기였다. 열한

살 때였다. 엄마는 마흔, 아빠는 마흔셋이었다. 텔레비전에서는 연일 보도가 쏟아졌다. I, M, F. 세 글자의 알파벳이 머릿속에 각인되었다. 그게 뭔지는 몰라도 큰 문제가 생긴 게 분명했다. 그리고 그 문제는 개인의, 한 집안의 문제가 아니고 대한민국에 살고 있는 사람이라면 모두가 영향을 받을 수밖에 없는 커다란 문제라는 것을 어렴풋이 느꼈다. 카메라는 굴다리 밑 텐트촌과 그곳에서 생활하고 있는 사람들을 비췄다. 보면서도 믿기 어려울 정도로 텐트가 빼곡했다. 그곳이 그들의 집이라고 했다. 집을 잃고 나앉은 사람들. 실직한 사실을 집에 차마 알리지 못해 양복 입고 집을 나갔다가 퇴근 시각에 맞춰 돌아오는 가장들의 이야기가 보도되었다. 그 무렵 세 자매로 구성된 한스 밴드는 우연히 오락실에서 만난 아빠를 노래했다. **장난이 아닌걸 또 최고 기록을 깼어 처음이란 아빠 말을 믿을 수가 없어 용돈을 주셨어 단 조건이 붙었어 엄마에게 말하지 말랬어.** 금 모으기 운동이 벌어졌다. 구경도 못 한 내 돌 반지 역시 다른 집에서 나온 수많은 금붙이들과 함께 그때 팔려 나가지 않았을까. 아빠는 회사에서 살아남았고 엄마의 직장은 경기에 큰 영향을 받지 않는 곳이었으니 다행이었다고 말해도 되는 걸까. 무너짐은 급격했고 사람들의 삶을 순식간에 주저앉혔다.

 호황의 단맛과 위기의 쓴맛을 차례로 겪어서였는지도 모르겠다. 모 아니면 도의 세계가 부모들을 집어삼킨 것 같았다. 세상이 흔들려도 무너지지 않을 견고한 성에 자식들을 집어넣으려 전력을 다하는 엄마들과 아빠들. 그걸 탓하는 일은 그리 간단하지가 않다.
 우리는 팽팽 돌아가는 젊음과 다시는 없을 에너지만 갈아 넣으면 되었다. 스스로를 탐색할 시간에 출제자의 의도를 고민해야 했던 삼 년, 육 년, 혹은 더 긴 시간이 끝나면 실패와 성공이 갈렸다.

―

 매해 겨울, 수능 시험이 끝나고 나면 결과에 비관한 누군가가 스스로 목숨을 끊었다는 뉴스가 나오곤 했다.

―

집안 누구도 내게 음식 차리기, 설거지하기, 세탁기 돌리기와 같은 집안일을 가르치거나 요구하지 않았다. 방 치우라는 말은 습관적인 잔소리처럼 들었지만 버티고 있으면 어느샌가 누군가에 의해 방이 치워져 있곤 했다. 여성스럽게 행동하는 법이나 외모를 가꾸는 법에 대해서도 마찬가지였다. 한번은 어떤 아주머니로부터 **여자는 예뻐야지**, 하는 말을 듣고는 엄마에게 그대로 전했다가 순식간에 분위기가 싸늘해졌던 적이 있다. 엄마는 마치 공격받은 것처럼 불쾌해 보였다. 외형적인 아름다움을 추구하는 건 적대시될 정도였다(엄마가 남자의 외모를 따지거나 나의 외모를 지적했던 건 아이러니한 일이다). 집안일은 중요한 일을 하기 위해서라면 하지 않아도 될 일처럼 여겨졌고(**그 시간에 책이나 한 장 더 봐라**), 외모를 가꾸는 일은 '머리 빈 여자애'나 하는 일로 취급되었다(**쟤는 꼭 양공주 같네**).

할머니가 바깥에서 일하는 동안 살림은 같이

사는 식모에게 맡겼다고 했다. 넉넉한 형편도 아니었을 테지만 할머니가 일을 하려면 그 방법밖에는 없었던 것이다. 물론 인건비가 지금과는 비교할 수 없을 정도로 낮게 책정되던 시절이라 가능했던 일이다. 할머니는 살림에 대해서는 식모에게 전권을 위임했다고 한다. 식모와 딸들 사이에 갈등이 있을 때면 딸 없이는 살 수 있어도 식모 없이는 못 산다고도 말했다고 한다. 엄마는 조금의 비난과 조금의 경외를 담아 할머니가 집에서는 손 하나 까딱하지 않았다고 폭로하듯 말하곤 했다. 엄마가 유독 음식만은 직접 만들어 먹는 것을 고집하는 이유는 식모 밥을 먹고 자랐던 기억 때문일까?

엄마는 졸업 후 할머니처럼 '일하는 여자'의 길을 걷게 되었다. 하필 전공도, 직업도 할머니와 같았다. 스물여덟에 결혼을 하고 이듬해 나를 낳았다. 할머니가 엄마가 되던 나이와 같은 나이였다. 기나긴 '워킹 맘'의 삶이 시작되었다.

할머니 집에서 벗어나기 위해 결혼을 했다던 엄마에게 왜 그 이후로도 할머니 집 주위를

맴돌았는지를 물었던 적이 있다. 나 역시 엄마의
집으로부터 분리되고 싶은 딸로서 그 이유를
도대체 짐작할 수가 없었다(물론 나의 육아가
시작되기 전이었다). 돌아온 대답은 나를 키우기
위해서였다는 것. 내가 엄마의 독립을 방해하는
존재였을지도 모르겠다고 그때 처음 생각했다.
그렇게 생각하니 엄마에게 처음으로 미안해졌다.

 부재한 남편의 몫까지 혼자 감당하느라
엄마는 늘 지쳐 있었다. 자주 소파에 늘어져
있었고 곁에는 늘 떡이나 빵, 오징어 같은 간식이
널브러져 있었다. 퇴근하고 집에 오면 냉장고에서
반찬들을 꺼내 밥과 한데 욱여넣고는 허겁지겁
비벼 먹었다. 안경이 코끝에 걸리고 내가 지켜보고
있어도 아랑곳하지 않았다.

―

 또 다른 '워킹 맘'이었던 중학교 이학년 때 담임
선생님이 생각난다. 보이는 신체의 모든 부분이
자그맣던 선생님은 미스 코리아처럼 앞머리를
부풀리고 언제나 빛바랜 하와이안 드레스를

입고 다녔다. 과장된 머리 스타일과 옷차림, 빠른 말투와 높은 목소리 때문에 선생님을 볼 때마다 왕관앵무새가 떠오르는 건 어쩔 수 없었다.

말도 발걸음도 어찌나 급한지 회중시계를 들고 다니는 토끼 같기도 했다. 선생님은 **학생은 공부해야지**, 하고 입버릇처럼 말하곤 했다. 선생님이 여러 번 강조하듯 말했기에 우리는 그녀의 딸이 우리와 동갑이고 과학고등학교에 들어가기 위해 준비 중이라는 사실을 알고 있었다. 선생님은 수업이 끝나자마자 조금의 망설임도 없이 학교를 빠져나갔는데 입시 준비 중이던 딸을 뒷바라지하기 위해서였을 것이다. 아닌 게 아니라 급한 일이 있던 셈이다.

나중에 안 사실이지만 어느 날 엄마는 선생님을 찾아갔다. 돌려 말하는 법이 없는 선생님은 이대로라면 인서울이 불가능하다고 선언에 가까운 단언을 했다. 충격을 받은 엄마는 돌이킬 수 있는 방법이 없는지 물었고, 선생님의 조언대로 나를 그녀의 딸이 다니고 있던 학원에 등록시켰다. 그렇게 열여섯 살을 앞두고 있던 겨울, 처음으로 입시의 세계에 발을 들여놓게 되었다. 그곳에는 단순한 몰입이 주는 쾌감이 있었다. 결과는 몰입의 정도에 따라 즉각적이고 정직하게 나왔다. 처음 겪는 세계가 주는 자극에 고무되어 잠자는 게 아깝다고 생각했을 정도였다.

―

 사교육의 힘이란, 무시할 게 아니었다. 큰 변화는 없었다. 학교생활이 좀 편해졌다는 것 말고는. 갑자기 신성불가침의 공간에라도 입성한 것처럼 누구도 나를 귀찮게 하지 않았다.
 고등학교 입시가 끝난 직후에는 더욱 무서울 게 없었다. 말대꾸를 하고 벌을 서면서도 시선을 내리지 않았다. 성적은 좋지만 말은 잘 듣지 않는 난해한 존재로 선생님들을 도발하고 싶었는지도 모르겠다. 무사히 교문을 통과하는 날이 없던 지난 시간(머리가 길다, 치마가 짧다, 가방이 학생스럽지 않다 등)들이 생각나면서 인정할 수 없는 권위에 맞서 뭔가를 하고 싶었다. 반항을 위한 반항이라도 하고 싶었다. 아이들 종아리나 허벅지에 야구 방망이를 아무렇게나 휘두르는 무식한 인간부터 돈 봉투 하나 받으려고 나를 내내 괴롭혔던 처량한 인간이나 가난한 동네, 가진 것 없는 집 아이들이 다니는 학교라고 무시하는 미친년에게. 그리고 등굣길마다 감옥에 들어가는 것 같다고 생각하게 만들었던 이 전부에 대해. 그때부터 나는 싹수가 그랬다.

—

잘 키운 딸 하나가 되어야 했다.
누구를 위해?

—

1.58.
1986년 우리나라의 가임 여성이 낳을 것으로 기대되었던 평균 출생아 수. 내가 태어났을 즈음엔 도시화와 핵가족화가 진전되어 한 명이나 두 명의 자녀를 두는 게 일반적이었다. 이는 여성들이 뒷바라지해야 할 대상이 줄어들었음을 의미했다. 한 명이나 두 명의 자녀들에게 집안의 관심과 자원이 집중되었다. 뒷받침이 얼마나 성공적이었는지는 자녀들의 성적이나 그들이 다니는 학교 이름으로 평가되었다. 뒷바라지에 성공한 여성들에게는 무언의 권위가 부여되었다. 또래 자녀를 둔 다른 여성들은 그녀의 말에 귀를 기울였고, 집안에서도 할 일을 훌륭히 해낸 사람 대접을 받았다.

―

출가외인이나 살림 밑천으로 취급받던 시대는 끝이 났다.

알파 걸과 골드 미스의 시대가 도래할 것이었다.

딸들은 좋은 학교와 (여전히) 성공적인 결혼을 통해서 부모들을, 특히 엄마들을 대리 만족시켜 줄 희망으로 여겨졌다. 심지어 엄마의 평생 친구가 되어 줄 것으로 기대되었다. 부모를 챙기고 돌보는 전통적인 역할에 더해 사회적으로 성공하여 부모의 자랑거리가 되어야 하는 과제가 주어진 것이다. 기대와 성원에 힘입어 딸들은 거침없이 나아갔다. 새 시대의 여성들은 완전한 시민권을 획득한 것처럼 보였고, 그녀들을 가로막는 유리 천장은 소실된 것처럼 보였다. 그녀들이 아이를 낳기 전까지는 말이다.

―

 뒤늦게 알게 된 사실이지만 내게도 야망이 있었다. 다르게 존재하고 싶은 욕망. 그게 내 야망이었다. 고등학교 시절 나의 은밀한 자부심은 겨울철 코트였는데, 다른 게 아니라 반에서 유일한 갈색 코트였기 때문이다. 흔해 빠진 검정색이나 회색, 남색 사이에서 다른 색의 실들이 조금씩 섞여 있는 갈색 코트는 나의 정체성이었다. 그 시절 즐겨 듣던 음악, 허기진 듯 찾아 보던 영화들 모두 나의 특별함의 증거로 여겼다.

 여전히 유일하고 싶고, 특별하고 싶다. 그동안 터득한 게 있다면 나는 이미 유일하고 특별하다는 것. 인정하고 싶지 않을 때도 있지만, 다른 사람들 역시 나와 같이 그런 존재라는 것. 남은 과제는 그렇게 살아가는 것이다. 내 모습대로 유일하고 특별하게, 다른 이들과 손잡으며. 그런 야망이 나를 글쓰기로 이끌었을 것이다.

더 이상 악몽이라 부르지 않는다

해가 지지 않은 시간이지만 어쩐지 어두운 빌딩의 로비에 사람들이 모여 있다. 그러고 보니 빌딩 내부에 불이 다 꺼진 것 같다. 사람들은 우왕좌왕하고 있다. 어수선하고 불안감이 감도는 분위기. 그러다 별안간 누군가가 장소를 찾았다고 외친다. 사람들이 일제히 그 장소로 이동한다. 그곳은 널따란 야외 테라스같이 꾸며진 바깥 공간을 통해서만 갈 수 있는 바로 옆 건물에 있다. 그걸 본 순간 왠지 모를 예감에 가슴이 쿵 내려앉는다. 느낌이 좋지 않다. 사람들에게 떠밀린 채 구름다리 같은 테라스를 건너 건물로 들어간다. 당도한 공간은 커다란 원탁이 가운데에 놓인 회의실같이 생긴 방이다. 천장이 높은 둥근 방이다. 방을 둘러싼 벽은 투명한 유리창으로 되어 있지만 두꺼운 벨벳 커튼이

쳐져 있다. 모든 사람들이 방에 도착했으므로 곧 회의가 시작될 것이다. 이 회의에서 우리의 운명을 가를 중요한 결정이 내려질 것이다. 회의를 시작하기 전 커튼을 열어젖힌 순간 입 밖으로 튀어나온 비명을 미처 막지 못했다. 투명한 유리창을 사이에 두고 우리를 지켜보고 있는 건 일층, 이층, 삼층, 층을 이룬 빼곡한 얼굴들이다. 얼굴들이 우리를 에워싸고 있다. 우리는 섬처럼 고립된 것이다.

오랜만의 꿈이었다. 한동안 꿈을 꾸지 않았다. 어릴 때부터 함께 밤을 통과하던 꿈이 찾아오지 않으니 홀가분하면서도 내심 아쉬웠나 보다. 꿈이어서 다행이다, 가슴을 쓸어내리고 다시 잠을 청해야 했지만 반가운 마음이 들었다. 꿈이 다시 찾아왔다. 그동안 어디에 있었던 걸까.

꿈꾸는 밤이 뜸해진 동안 삶의 분기점이 될 만한 사건들이 있었다. 하나는 아이와 함께하는 삶을 시작한 것이고, 다른 하나는 글을 쓰기 시작한 것이었다. 둘 다 그 이전의 삶으로는 돌아갈 수 없다는 점에서 확실한 삶의 전환점이었다.

아이의 존재는 내게 명령했다. 달아나지 말 것. 모른 척하지도 말 것. 가능한 한 똑바로 마주할 것.

아이는 내게 가장 익숙하고 안전하다고 생각해 왔던 방식을 버릴 것을 요구하고 있었다. 세상에서 가장 소중한 존재의 명령을 거스를 힘은 없기에 강해져야 했다. 더 이상 미뤄 둘 곳도, 주어진 시간도 없었다. 도망치라고 말하는 엄마가 될 수는 없어서 점점 멀어져 가는 발걸음을 멈춘다. 나를 돌려세워 지나온 길로 나를 다시 데려간다.

글의 세계에서는 조금 더 운신의 폭이 있었다. 이곳에서 나는 완벽하게 자유롭지는 못해도 안전하다. 죽음으로써 독립을 시작하고 미래의 사랑까지 내팽개쳐 버릴 수 있는 곳. 그 어떤 것도 이곳에서는 가능하다. 도망치지 않아도 되는 세계를 만드는 것도, 도망칠 여지 없이 스스로를 밀어붙이는 것도.

이제는 찾아오는 꿈들에 악몽이라 이름 붙이지 않는다.

에필로그

최후의 역사: 4세 아들과의 대화

엄마, 엄마의 엄마는 누구야?

응, 수요일마다 유치원에 너 데리러 가는 할머니 있잖아, 그 사람이 엄마의 엄마야. 할머니가 엄마를 낳았어.

(깨달음의 얼굴)

그러면…… 할머니도 엄마가 있어?

그렇지. 왕할머니 기억나? 그때 병원에서 봤던.

하늘나라에 간 할머니?

응, 그 왕할머니가 할머니의 엄마야. 왕할머니가 할머니를 낳았어.

그러면 왕할머니의 엄마는 누구야?

왕할머니도 엄마가 있지. 엄마는 못 봤는데

왕할머니의 엄마도 있었어.

사실은 말이야,

엄마의
엄마의 엄마의
엄마의 엄마의 엄마의
엄마의 엄마의 엄마의 엄마의
엄마의 엄마의 엄마의 엄마의 엄마의
엄마의 엄마의 엄마의 엄마의 엄마의 엄마의

셀 수 없이 많은 엄마들이 있었어.
그 엄마들을 다 모른다고 해도 그 사실만큼은
자명하지.
앞으로 더 많은 엄마들이 태어날 수도
있었겠지만
이대로라면 엄마에서 엄마로 이어지는 역사는
끝이 날 거야.

엄마가 첫째였고, 할머니도 첫째였고,
왕할머니도 첫째였으니
장녀에게서 장녀로 이어지는 짧은 역사도 끝이

난 거야.

그렇다면 나는 마지막 첫째 딸이네.
최후의 엄마네.

나선형의
물

서평강

길 가운데 고랑을 만나면 쫀개지기도 했다

강렬한 빛을 만나면 증발해 사라졌다가

위에서 아래로 떨어지고

나는 물이다

흐르는 곳에 따라

나는 넓어졌다가

보이지 않았다가

좁아졌다가

어느새가 나타나 있다가

사실 계속해서 흘렀다. 내 안에 하늘, 구름, 비, 바람, 나무, 그리고 너의

밑으로, 깊은 데로, 더 깊은 데로, 조금씩 조금씩 아래로 흐르고 있다.

굽이굽이 끄금 를론릉 lb쇄형의 '물이 되어 굽이굽이 흐른다. 사실

흐르고 있다. 나는 lo쇄형의 물 남기 '물' 끎 '믈끈 '특lo lb

레이 늄믄죠 늄믄쪼 '를Ib롤다. 사실 lb 속릉 '굽이굼 '굽이

어 굽이굽이lb흐른다. 사실 계속해서 흘렀다. 내

며 이 굽이를 아릏lg 물이 되어 굽이굽이 흐른

ㅎ lo룸 lo울Rtt 롴i, 나용 ㄸ름ㅇ 굴lb o 믐뜨

lb ㅇ 굵₁ 늠 '쇄형 아래로 흐르고 있다. 나는

ㅎ믄쪼 '를lb ㄱlb 큹굽을 담고 밑으로,

lb ㅇ 쇄롤 더 '를lb 늠 '로

ㄷ굽lb굽이 흐른다. 사실

ㄷ를lb 남기 '를lb '비 '믈

ㅣlo 름 lo올lb일lo로,
밑으로, 밑으로,

다' 믐 를론릉 loh ㄷ

담고 밑으로, 밑으로, 깊은 데로, 더 깊은 데로, 조금씩 조금씩 아래로 흐른다.

나선형의 물이 되어 굽이굽이 흐른다. 사실 계속해서

나는 물이다

위에서 아래로 떨어지고
강렬한 빛을 만나면 증발해 사라졌다가
길 가운데 고랑을 만나면 쪼개지기도 했다

흐르는 곳에 따라
나는 넓어졌다가 좁아졌다가
보이지 않았다가
어느샌가 나타나 있다가

긴긴 시간
우울과 불안의 웅덩이에 고여 있는 것 같았지만

사실
계속해서 흐르고 있었다

내 안에
하늘, 구름, 비, 바람, 나무,
그리고 너의 얼굴을 담고

밑으로, 밑으로
깊은 데로, 더 깊은 데로
조금씩
아래로
흐르고 있다

나는 나선형의 물이 되어 굽이굽이 흐른다

나를 느끼는 글

141

새벽 4시에 눈이 떠졌다.
침대에 누워 있지만 허공에 있는 듯한 느낌.

다시 눈을 감으면
어둠 속에 별이 하나, 둘 생기고
눈앞에 우주가 펼쳐진다.
반짝반짝한 별들을 바라보고 있으니
몸이 둥실 떠올랐다.
부드러운 우주를 자유롭게 떠다니고 있었다.
그렇게 몸을 맡기고 있다 보면
어디가 방문이었는지, 천장이었는지,
아, 이곳은 우주인지.
감각이 사라진다.

그러다
갑자기 우주의 끝에 다다르고,
한 톨 우주의 먼지가 되어
존재가 사라져 버릴 것 같은 공포감이 몰려온다.
나지만 나 같지 않은,
초현실이지만 현실 같은 감각.

끝없는 무기력은 매일 밤 나를 우주로 데려갔다.
어느 구석에도 붙어 있지 못하는 내 마음처럼
내 몸도 붙어 있지 못하고
둥둥 떠다니다
결국은 사라져 버리게 될 것 같았다.

오늘은 일부러 눈을 떴다.
다리를 베개에 얹고, 두 팔을 배 위로 포개었다.
따뜻한 숨을 내쉬며
나는 붙어 있어
나는 지금 침대에 붙어 있어
나는 혼자 어딘가를 떠다니지 않아
내 마음도 이곳에 붙어 있어
나는 혼자가 아니야
되뇌었다.

한없이 떠다니던 몸이 침대로 내려왔다.
등에 묵직한 따스함이 퍼졌다.
이불을 덮으려 움직일 때 나는 사각사각 소리가
다정하게 느껴졌다.

서평강, 엄마 1

부모는 자식의 우주라고 하는데
내 우주는 칼날투성이였다.
찔리고 베이지 않으려고 웅크리고, 숨죽이고
살아야만 했다.

아빠도 없고,
어린 시절의 추억이란 것도 없고,
남들 다 있다는 엄마 밥에 대한 향수도 없고,
마음 힘들 때 돌아가고 싶은 곳도 없고,
언니 오빠도 없고, 챙겨 주고 싶은 동생도 없고,
나를 이해할 수 있는 친구도 없어도,
그냥 혼자서 어떻게든 살았다.
아득바득 뭐라도 찾아서 자꾸 좋아하면서

죽지도 않고 또 살았다.

이제 내 인생에 기적과 같은 남편이 있고,
낮엔 귀찮아 죽겠지만, 밤이 되면 핸드폰 속의 과거 사진을 뒤적이며 귀여워하느라 죽을 것 같은 딸도 있고(옛날에 짝사랑하던 오빠가 보낸 문자를 밤마다 복습할 때도 이렇게까진 안 했는데),
어디 나가면 '역시 우리 집이 최고네, 빨리 집에 가고 싶다' 하는 홈 스위트 홈도 생겼다.
내 피난처, 내 쉴 곳.
조그마한 인기척에도 마음 졸이는 놀란 토끼처럼 살았던 내가
도무지 상상할 수 없었던 마음 편한 '집'이 있다.
엄마가 전부였던 우주는
내가 살아가는 곳으로 바뀌었다.

그런데 이상하게도 그곳에 나는 없다.
내가 분명히 있으면서도,
마치 처음부터 존재하지 않았던 것같이 흔적 하나 찾을 수가 없다.
이 어찌할 바를 모르겠는 경계가
하루에도 몇 번씩 땅굴을 파고 들어가게 했다가

다시 올라와서 차 마시고 여유 부리게 했다가
행복하다가 불행하다가
하늘 위 폭신한 구름이었다가
낭떠러지 절벽에 간당간당 매달려 있다가 하게 한다.

아직 내 우주는 아프다.

서평강, 엄마 2

147   여자는 엄마가 되면서 죽음을 경험한다.
그것도 두 번이나.

첫 번째는 몸의 죽음.
생명을 낳고 기르는 일은 찬란하면서도 잔혹하다.
온몸이 찢기고, 터지는 고통을 견뎌야만
아이가 세상에 나올 수 있고,
부서진 허리, 끊어질 듯한 손목,
금이 간 몸으로 아이를 계속 안아야 한다.
내 몸이 더 이상 내 것이 아님을 알아차리는
날들이 이어진다.

두 번째는 마음의 죽음.

나에게 전적으로 생명을 의지하는
이 작은 존재 앞에서,
오래 품어 온 꿈과, 공들여 쌓은 습관과,
나를 이루던 언어들, 아니 '나'라는 사람마저
바닥에 내려놓아야만 한다.
모든 삶은 아이를 중심으로 재편된다.
나는 여전히 나인데, 이전의 나는 온데간데없다.

그렇게 나는 다섯 해 동안 하루에도 몇 번씩
죽음을 경험했다.

하지만
죽고 죽으며 살아 보니
죽음이 완전한 끝은 아니었다.
부서지고, 무너지고,
숨이 막히는 밤들을 버티다 보면
새벽처럼 희미한 부활이 찾아온다.
'엄마'이면서 '나'이기도 한 삶이 시작된다.

부활의 과정은
아직 고통과 좌절, 혼란, 의심으로 가득하지만

그래도 매일 나는 다시 또 살아난다.

아이가 잠들면
엄마의 옷을 잠시 벗고
글을 쓰고, 공부를 하고, 이야기를 나누며
잘려 나간 하루의 조각들을 하나씩 이어 붙이며
다시 또 부활할 준비를 한다.

이 절절한 부활의 시간을 계속해서 이어 붙여
가다 보면
언젠가는 나로서 자연스럽게 살아갈 수 있을까.

손

손은 마음과 연결된다.
손바닥과 손바닥이 맞닿을 때
나와 너의 마음의 단면들이 포개진다.

아기의 손은 그 위력이 몇 배나 더 강하다.
작은 손가락을 하나하나 펴고
보드랍고 말랑말랑한 손바닥을 잡으면
따스한 세상이 펼쳐진다.
내 손바닥 안에 고스란히 들어오는
그 작은 손이
온몸을 비빌 큰 언덕이 된다.
불안하고 우울하고 무기력한 마음에서 잠깐
시선을 돌리게 한다.

아기는 손으로 나에게 힘을 준다.
소망을, 용기를, 희망을,
사랑을 준다.
곧 죽을 것 같다가도
다시 살아 볼까 하게 된다.

딱한 사람

 네 마음 잘 알았고 우리는 이 문제에 있어서 절대로 좁혀지지 않는다는 것도 잘 알았다. 이 일로 너에게는 내 돈 십 원 한 푼도 가지 않는다는 것만 알아 둬라. 변호사한테 가서 유언장도 써 놓을 거다.

 엄마는 내가 엄마 일을 물려받지 않겠다고 할 때마다 돈을 들먹이며 나를 협박했다.

 한번은 내게 평생 엄마를 먹여 살려야 한다고 했고, 또 한번은 매달 백오십만 원을 가져다주라고 했다(마치 위자료처럼).
 그리고 또 한번은 이렇게 말했다.

 네 남편 쥐꼬리 같은 월급. 그깟 돈에 눈이 멀어서

엄마를 버렸니. 그 돈으로 평생 네가 집 한 칸이라도 사겠니. 멍청한 것. 딱한 것.

엄마에게 돈은
남자와 닮은 존재였을 것이다.
가까이 두고 싶지만
도무지 자기 마음대로 따라와 주지 않는 것.
그래서 더 애가 타고, 간절한 것.

엄마는 세 번 결혼했다.
(첫 번째 결혼에 대해서는 내가 서른여덟이 되어서야 알게 되었다.)
엄마는 함평에서 태어나 쭉 그곳에서만 살아온 시골 처녀였다.
어느 날 한 남자를 알게 되어 사랑에 빠졌고, 그와 아이도 둘이나 낳았다.
하지만 그는 늘 술에 취해 있었고, 걸핏하면 엄마에게 폭력을 휘두르며 돈을 벌어 오라고 했다.
엄마는 배를 타고 완도로 건너가 하루 종일 미역을 따고, 생선을 팔았다.
그리고 집에 돌아오면 그곳엔 늘 다른 여자가 있었다. 황급히 옷을 여미고 나가는 것을 몇

번이나 목격했던 엄마는 딸 둘을 그대로 두고
그곳을 뛰쳐나왔다.

　가난이 징그러워,

　바람이 징그러워,

　다시는 남자를 만나지 말아야겠다고 생각했다.

　엄마의 두 번째 결혼은 아빠의 엄청난
구애로부터 시작되었다.

　아빠는 전주에서 모르는 사람이 없을 정도로
유명한 부잣집의 막내아들이었다. 지역의
국회의원을 몇 번이나 지낸 큰형의 뒷배로
대기업에서 중역을 맡은 잘나가는 사람이었다.
심지어 잘생겼다고 했다.

　엄마의 생일이 다가오자 아빠는 전주에서 제일
큰 나이트클럽을 통째로 빌려 번쩍번쩍 성대한
생일 파티를 열어 주었다.

　갯벌에서 허구한 날 낙지 잡고, 조개 캐고, 철
아닌 때에는 지렁이 잡아 낚시터에 팔아서라도
집에 돈을 보태야 했던 시절을 보낸 엄마에게는
그게 얼마나 꿈만 같았을까.

　엄마는 잘생기고, 돈 많고, 심지어 전주에서
함평까지 매번 차로 데려다주는 매너 좋은

아빠에게 빠져들었고 나를 임신했다.

그리고 칠 개월이 되었을 때쯤일까.

'이제 이 집에서 나가 주었으면 좋겠다'는 말을 들었다.

고급 차를 타고, 의상실에서 맞춤 정장을 두 주에 한 번씩 해 입으며 온 세상의 부러움을 한 몸에 받았던 엄마는 가장 관심과 사랑을 받아야 할 임산부였던 그 시절, 자신이 가진 모든 것을 잃어버리는 경험을 해야만 했다(아, 뱃속의 나를 빼고).

세 번째 결혼은 내가 초등학교에 다니던 때였다.

그는 교수이자, 목사였다. 바람이나 방탕함과는 아예 담을 쌓은 사람 같았고, 입에서는 날마다 경건함이 쏟아졌다.

유난히 반짝거리는 양복을 입고 온 날, 그는 엄마에게 일 캐럿쯤 되어 보이는 큰 다이아몬드 반지를 내밀며 청혼했다. 엄마의 얼굴에 처음 보는 희미한 만족이 스쳤다(그 귀한 반지는 혹여 다칠까 봐, 끼지도 못한 채 늘 서랍에 넣어 두었다).

그러나 그 만족은 오래가지 못했다. 알고 보니

그는 오래된 명함 한 장에 기대어 살아가던
사람이었다. 가진 돈도, 확실한 직장도, 능력도
없고, 없고, 또 없었다.

그 지지리 가난한 사람은 누구보다 지지리
가난했던(영화「기생충」에 나오는 그 집과 꼭
닮은) 반지하 방 우리 집에 들어와 살았다. 늘
엄마의 타박을 받으며 집안일을 하고, 하루 종일
안방에 틀어박혀 있었다.

엄마가 손에 넣은 건 그저 다이아몬드 반지가
다였다.

그리고 그 결혼도 이 년을 채 유지하지 못했다.

돈도, 남자도, 사랑도

있으면서도 없고, 없으면서도 정말 없었던 삶을
살았던 엄마는

무언가 없는 게 제일 큰 고통이고
어려움이었는지

(자기와 닮은) 나를 보며 늘 딱하다고 했다.

돈 욕심이 없어서 딱하고, 세상 물정을 몰라서
딱하고, 야망도 없어서

아주 딱한 인생이 될 거라고 했다.

나는 그렇게 평생 딱한 인생을 살다가
사랑을 만나고, 아이를 낳았다.
그리고 이제
딱한 사람이 아니라
세상에 단 하나뿐인 '딱 한 사람'으로 살아간다.

2021. 05. 21.

　스스로 정련되지 못한 자아는
타인에게 상처를 준다.
　자신을 보호하기 위해 공격적으로 존재를
드러내거나,
　상처를 피하기 위한 방어 수단으로 거짓된
배려나 사랑을 들먹인다.
　괜찮은 사람으로 위장하고 있지만
　결국 자신만 위하는 이기적이고 폭력적인
자아일 뿐이다.
　이 형편없는 자아들은 널리 흩어져 구석구석
세상을 병들게 하고 타락하게 만든다.
　이것이 우리가 세상을 살아갈 때
　괴로움을 느낄 수밖에 없는 이유이다.

2021.
10. 06.

159 D: 엄마를 챙길 다른 사람은 있나요?

아니요, 열 살 때부터 줄곧 제가 엄마를 돌봤어요.

D: 당신이 돌보지 않았으면 어떻게 되었을까요?

**2022.
03. 20.**

엄마가 동물로 태어났으면
생태계 교란종이었을 거야.

**2022.
04. 03.**

161 목덜미가 뜨겁고
가슴이 답답하고
머리는 빙빙 돈다.
'무섭다'는 말을 입에 담을 때마다
눈물이 왈칵 쏟아진다.
슬픔이 피를 토하듯 꿀렁꿀렁 쏟아진다.

**2022.
08. 30.**

물 위로 올라가 보려고 발버둥을 치는
비늘이 벗겨진 물고기
회갈색의 속살이 다 드러나고
떨어진 살점들이 지느러미처럼 흐느적거리는
반짝임이 송두리째 없어진

초라한 바닷물을 마시고 사는 초라한 물고기

2023. 01. 09.

163   위암, 대장암, 자궁암, 유방암, 췌장암, 피부암, 갑상샘암
자려고 누우면 천장에서
이런 글자들이 하나씩 떨어진다.
갑자기 죽을 것 같은 두려움이 온몸을 감싼다.
캄캄한 방에서 몇 시간씩 암의 초기 증상을
검색하고 손끝으로 나의 몸을 더듬어 살피는 게
무슨 '밤의 루틴' 같은 것이 되어 버렸다.

무서워서 못 하고,
외로워서 못 하고,
어려워서 못 하고,
영리하지 못해서 못 하고,
난 좀 달라서 못 하고,

원래 그런 사람이 못 되어서 한마디 싫은
소리조차 못 하고.
나로 살지 못한 '못 했던' 시간들이
부재가 되고,
상실이 되고,
가슴속 서랍에서 곪고 삭아
불안의 덫이 되었다.

아니다.
무의식에 깊이 묻어 놓았던 그 불안은
이미 의식에까지 가득 차고 넘쳐서
제멋대로 터져 나오고 있는 것 같기도 하다
짜증을 담은 날카로운 말로,
허공에 지껄이는 욕으로,
이유 없이 쏟아지는 눈물로.

나를 괴롭게 하는 이것들,
때로 날이 서 있어 날카롭고, 때로 뾰족하고,
때로 끈적거리고, 때로 고약한 악취가 나는,
날것의 모양을 하나씩 꺼내서 진득하게
들여다봐야겠다.
그리고 다 본 다음엔

아주 예리한 칼로 도려 내고 후벼 파 내야지.
이 지긋지긋한 속박의 굴레를 탁 잘라 끊어 내 버려야지.

그것이
나의 부재가 가져온
현실의 상실을 되돌려 줄 거야.
정말 그럴 거야.

**2023.
01. 21.**

돌보지 않은 자아가
매일 밤 비명을 지르고 있다.

2023. 03. 13.

다시 어지럼증이 시작되었다.
체감상 새벽 3시쯤 되었을 것 같은데
갑자기 천장이 빙글뱅글 돌았다.
다람쥐 통에 탄 것처럼 몸이 휘청이는 순간,
몸의 모든 감각이 동시에 깨어났다.
 거센 공격을 피하듯 본능적으로 최대한 웅크려 누웠다. 이제 곧 죽을 거 같아질 텐데 어떻게 해야 할까. 아기가 없었다면 119라도 불렀을 텐데.
 혼자 엎드려 끙끙대다가 방 밖으로 기어 나와 덜덜 떨리는 손으로 약통을 뒤졌다. 신경을 잠재우는 거라면 뭐든지 좋겠다 싶어 소화제, 공황약, 웬 비염 약까지 닥치는 대로 털어 넣고 몇 번쯤 토하고 다시 약을 먹고 엎드려 끙끙대다가 겨우 잠이 들었다.

십 년쯤 전이었다.

어느 날 아침, 눈을 뜨자마자 세상이 돌기 시작했다. 하늘이 돌고, 내 눈도 팽글팽글 돌아가고, 그 길로 병원에 실려 갔다.

의사가 말했다.

"이건 할머니나 되어야 생기는 건데. 젊은이가 안됐네요. 이제부터 죽을 때까지 어지럼증이랑 친하게 지낸다고 생각하세요."

젊은이가 안됐다는 그 말이 몹시 절망적이었다.

나는 이런 것도 안됐네.

아빠 없어서 안됐네. 형제 없어서 안됐네. 가난해서 안됐네. 복도 지지리 없어서 안됐네. 평생 '안됐네' 소리만 듣고 살았는데 이런 것까지 안될 일인가.

앉아도 어지럽고, 누워도 어지럽고, 가만히 있어도 어지럽고, 걸어 다녀도 어지러워서

'죽고 싶다. 죽여 주세요. 내일 아침엔 눈을 뜨지 않고 싶다'를

마음에 문신처럼 새기는 하루하루였다.

그렇게 이 년을 버티고 겨우 벗어났는데 갑자기 또 이 지옥 같은 시간이 시작되다니

절망스럽다.

긴긴 새벽을 보내고
아침이 되자마자 그 길로 나가
푸르른 새 삶을 허락해 줄 것 같았던 상담소 인턴을 그만두고 다시 방구석에 들어앉았다.

고통은 왜 객관적이지가 않은지.
너무나 주관적이어서 참 외롭다.
사람이 아프면 아픈 부위에 고통의 크기가 숫자로 매겨져서 딱 표시되는 시스템이었으면 좋겠어.
"아유, 그렇게 아팠다니 정말 안쓰러워요"
"어머, 그렇게 아프면 당연히 쉬어야죠"
사람들이 할 수 있게.

이해받고, 보살핌받고, 인정받고 싶다.

2023. 03. 20.

'삐 —'
이명이 시작된다.
내 귀에만 들리는 아득한 소리
침대에 누워 있다가도
한없는 나락으로 떨어지는 것 같은
무중력을 경험하게 하는 무서운 소리
이 소리가 들리면
이리 누웠다 저리 누웠다
어떻게 하면 어지럽지 않을까
몸을 뒤척이기 시작한다.

내 아픔도 불안도
다 '삐 —' 하는 이 소리에 묻혀 있다.

2023. 03. 26.

171   신체적 증상:
- 머리가 띵하는 어지러움
- 귀에서 쇠 가는 것 같은 소리가 들리는 이명
- 속이 울렁거림
- 어깨가 욱신거림
- 목 뒤가 뻣뻣하고, 후두부가 위아래로 찌릿찌릿, 저릿저릿하다
- 일주일에 2회 정도 깨질 것 같은 두통
- 불면
- 가끔 장염 같은 증상
- 소화가 잘 안 되어서 자주 체함
- 손발에 힘이 하나도 없고 온몸의 피가 다 빠져나가는 느낌
- 몸살이 난 것처럼 아파서 당장 드러누워야 할

것 같은 느낌
- 숨이 잘 쉬어지지 않는 느낌, 숨이 막히는 느낌

심리적 증상:
- 집에 아무도 없으면 쉬지 않고 눈물이 난다
- 앞날이 막막함
- 엄마를 생각하면 하지 못한 말들이 가슴에서 불처럼 느껴짐
- 뭘 하고 싶은지, 뭘 먹고 싶은지 모르겠음
- 자살하고 싶은 건 아니지만 내가 죽는 장면을 자주 또 구체적으로 상상함

(예를 들어, 남편이 당직인 어느 밤, 나는 수면제를 몇십 알 정도 먹고 쓰러진다. 아기가 깨어나 움직이지 않는 나를 발견하면 트라우마가 될 테니 아기가 혼자 문을 열 수 없는 작은 방에 들어가 문을 잠그고 먹어야겠다. 남편이 다음 날 퇴근해서 아기가 혼자 울고 있는 걸 보면 날 찾겠지. 작은 방 문을 따고 들어와 싸늘하게 누워 있는 나를 발견하면 얼마나 놀라고 슬퍼할까. 갑자기 가슴이 미어진다. 이런 유의 상상.)
- 이상은 높고, 현실의 나는 너무나 초라해서

머리 꼭대기부터 발 끝자락까지 손으로 뜯어 버리고, 가위로 싹둑싹둑 잘라 버리고 싶다

　- 신경 쇠약이란 이런 걸까 싶은 무기력, 소진을 경험함

　(마치 바닥 없는 웅덩이에 빠져 끝없이 가라앉고 있는 것 같다.)

2023. 04. 07.

(계속되는 극심한 어지러움. 결국 정신과를 찾았다.)

D: 아버지는 어떤 분이셨나요?

제가 태어나기 전에 두 분이 이혼하셔서 거의 본 적이 없어요. 인생 살아오면서 한 세 번 정도 본 것 같아요. 마지막으로 본 건 고등학교 일학년 때였고요. 그때 사업이 쫄딱 망해서 같이 살겠다고 왔다가 저 때문에 살기가 어렵다고 집을 나갔어요. 지금은 어디엔가 살아 계시다 정도만 알고 있어요.

D: 정말 마음이 어려우셨을 텐데 너무 아무렇지 않게 말해서 제가 좀 당황하고 있어요.

제가 예전에는 아버지의 '아' 자만 입에서 꺼내도 눈물이 멈추질 않았는데 극복하려고 애를 쓰다 보니 이젠 좀 초연해진 것 같아요.

분명 덤덤하게 말을 하고 있었는데

내 얼굴엔 거미줄 같은 금이 제법 가 있었다.
부서진 조각들이 몇 개쯤 떨어져 나가 있기도 했다.
내 몸은 실만 한 균열에도 곧 깨지고 부서져서 가루가 될 것 같았다.
입으론 도무지 숨을 쉬지 못했고
눈에선 주룩주룩 물이 흘렀다.

유리로 만들어진 인간.

**2023.
04. 10.**

감정은 어딘가 출구를 찾아 나가야만 하는지
온몸이 눈물에 뚝뚝 젖은 채 살았는데
새끼손톱을 반으로 나눈 것보다 작은
알약만으로도
눈물이 나질 않는다.
감정이 무뎌진 것인지
몹시 기쁘지도
슬픔에 흠뻑 젖지도 않는다.
적당히 웃고, 적당히 짜증 내고, 적당한 인간이
되어 적당히 지낸다.

나를 잃어버린 것 같아.

불쌍한 사람

177　엄마는 친한 형제가 없어서 불쌍하고,
친구도 없어서 불쌍하고,
남편이 없어서 불쌍하고,
시골에서 자라 사회생활도 못 해 봐서 그런지
이해가 없고 무지해서 불쌍하고,
배운 자식과 못 배운 부모는 화해할 수 없다는데
나는 배우고 엄마는 못 배워서 우린 그놈의 화해가
안 되는지 생각할수록 불쌍하고,
평생 사람에게서 받는 '사랑'이라는 거 느껴
보지도 못해서 불쌍해.
　L: 내가 보기엔 네가 더 불쌍해.
　늘 이해하려고 하다가 이렇게 병들어 버렸잖아.
　이해하려고 애쓰지만 말고 너도 좀 이해해 달라고
화를 버럭버럭 내 보지.

너도 좀 품어 달라고 엉엉 울어 보지.

그녀는 자신에게 죄가 있다면 날 낳은 게 죄라고
했다.
그래 그 말이 맞다.
사람에 대한 책임 없이, 희생할 마음 없이
아이를 낳는다는 건 죄의 시작이다.
나와 너의 인생이 모두 망가지는
끝이 보이지 않는 슬픔의 시작이다.

사랑이 없는 사람 배려도 없는 사람
욕심이 많아서 늘 외롭고 외로운 사람
그런데 끝까지 무지해서 불쌍한 사람.

작은 나는
작고 작은 마음 안에
그녀가 쏟아내는 큰불을 담아 내 보려고 애썼다.
그러다
내 온몸이 화르륵 다 타 버리고 말았다.
불쌍한 사람.

**2023.
04. 18.**

179   정신과 선생님은 세 번째 만난 날
'허영'이라는 단어를 끄집어내
한동안 날 따끔따끔하게 만들었다.

나의 허영은 이렇게 시작되었다.

초등학교 이학년 때였나,
 아침에 학교 갈 준비를 하는데 엄마가 내 머리를
정갈하게 묶고는 야자수와 노란색 파인애플이
가득한 하와이안 셔츠를 입혔다.
 (아니, 웬 하와이안 셔츠를 그렇게 입혔는지.
엄마 딴에는 제일 있어 보이는 옷이었나 보다.)
 그리고 말했다.
 "아빠 없는 애처럼 보이지 않게 잘해야지."

그날부터 나는
모르는 것도 아는 척,
슬퍼도 안 슬픈 척,
힘들어도 안 힘든 척,
없는 게 아니라 필요 없어서 안 가진 것처럼,
창피한 게 없는 것처럼,
부끄럽지 않은 것처럼,
'아빠 없는 애처럼 보이지 않는 애'로 살았다.

그리고 지금,
나는 엄마에게
스스로 잘 살아왔고, 잘 살고 있고,
앞으로 점점 더 잘 살게 될 거라고 보여 주고 싶어서 애쓰는
'엄마 눈에 훌륭하고 똑똑하고 괜찮아 보이는 어른'으로 살고 있다.

허영.

고마워
서희야

181

서희야, 나는 네가 밥 먹고 돌아서서 배
만지면서 **"엄마, 뭐 더 먹을 거 없어요?"** 할 때
그 모습이 미치도록 귀엽고 사랑스러워.
(행복한 곰돌이 푸 같아.)
이제는 제법 말이 늘어서
나랑 친구처럼 대화하게 된 것도 참 좋아.
다른 말들은 귓가에 맴돌다가 메아리가 되어서
어디론가 흘러가 버리곤 했는데,

"사랑해요"

"엄마는 정말 귀여워요"

"엄마, 누구를 걱정하는 건 사랑하는 거잖아요"

너의 이 말들은 곧장 마음으로 들어와 날
따뜻하게 녹였어.

네가 아기였을 땐,

혹시라도 '엄마가 나 때문에 속상한가?' 하고 생각할까 봐 네 앞에서 울지도 못했어.

그런데 이제는 정말 마음이 힘들 때 "서희야, 엄마가 너무 속상해. 오늘은 조금 울고 싶어" 하고 말하면, 네가 고개를 슥 돌리고 장난감을 가지고 놀면서 나에게 편히 울 시간을 내주더라.

잠자기 전에

"엄마, 안아 주세요" 하며 나에게 와서 안길 땐

사실 내가 너한테 안겨서 기분이 몽글몽글해졌어.

너의 머리칼에서 나는 포근한 냄새가 '아 살아 있길 잘했다' 하게 해.

작은 네가 온몸으로 나를 받아들여 줄 때

내 마음은 하나도 버겁지 않은 책임감과 사랑으로 가득 차.

나는 늘

내일은 세상이 끝났으면 좋겠다는 생각으로 살았는데

널 만난 후로
내일은 뭘 해 볼까 생각하며 살게 되었어.

엄마가 되면 무조건 사랑을 줘야 하는 건 줄 알았는데
알고 보니 내가 너에게 받고 있더라.
마치 내가 너의 딸 서평강이 된 것처럼 말이야.
이 사랑의 순환이 참 신기하고 오묘하다.

고마워, 서희야.

2023.
05. 09.

나는 내가 해 준 것으로　　　　　　　　　　　　184
너에게 어떠한 당위도 부과하지 않을 거야.
내가 '이렇게까지' 했으니
너는 이걸 '해야만 해'는
너와 나의 세상에는 존재하지 않게 할 거야.

2023.
08. 20.

185

　　서희는 요즘 "**다신 엄마랑 안 놀 거야**"라는 말을 하루에 열댓 번씩 한다.
　　뭐가 마음에 안 드는지 수시로 삐졌다 풀렸다 하는데
　　토라진 걸 달래 줬다가, 때로 나도 짜증 냈다가, 같이 싸웠다가 하며
　　깊은 우정 같은 게 생겨나고 있다.

　　사실은 고맙기도 하다.
　　그 말이
　　자기 딴에 심한 소리를 해도 엄마는 받아 줄 거라는 마음,
　　나를 사랑해서 내가 원하는 걸 채워 줄 거라는 믿음에서 온다는 걸 아니까.

진짜로 빠진다는 건 상대방을 향한 믿음이 있을 때나 가능한 거니까.

신뢰 관계에서만 볼 수 있는
빠짐의 미학.

2023.
08. 20.

187   그는 나에게 구원이었다.

날이 선 예리한 칼로
한 조각도 남기지 않고 모두 도려 내고 싶었던
과거의 기억들도
그와 만나게 하는 인연의 '무엇'이 되었을
것이라고 생각하니
나의 삶이 모두 추억이 되었다.

2000.08.25. 너같은걸내가왜키워야하니?도대체무슨 생각을하고사는지그시커먼속을알수가없다. 너때문에 죽자고고생하는내가멍청하다. 2004.05.23. 널낳은게 후회된다. 2018.04.05. 아주죽자고다엎어지자고하는 구나그개자식때문에. 내가찾아가서다죽여버릴거야. 니가엄마를고생시키더니아주잡는구나. 엄마가니앞에 서다끝내주마. 이싸가지없는것을요절을내야할것같아. 사람을잡기위해태어나더니기어코니가사람을잡는구 나. **잔인하고**징그러워. 니가원하는대로엄마가가줄게. 한번해보자. 철이없어도너무없다. 자기생각으로똘똘뭉 쳤다. 엄마가너한테잡혀줄게농담으로듣지마라. 널징 그러워서못보겠다. 너같은게왜태어나서나를괴롭게하 니너같은게왜. 너같은게왜태어나서!!!너를낳은게내인 생의실패의원인이다. 2018.05.19. 넌엄마의수치, 엄마 의망신거리. 너같은 **잔인한**불효자식이세상천지에어 디있니?넌평생한번도도움이된적이없다. 넌한번도따 뜻한적이없다. 너때문에내인생이처음부터끝까지개판 이되었다. 친정이라고찾아올생각도하지마라. 내가지 금까지널키워주며참고죽을고생을했는데말년에니가 다망쳐버렸다. 남자믿지마라. 삼년을못간다. 자기가얻 을수있는게없으면언제든널버릴거다. 널진짜사랑하는 건나다. 덜떨어진생각하지말고제대로봐라. 다들널고 아원에보내자고했을때그렇게했어야했다. 지금까지고

생하며키운게후회가된다. 이렇게인생을포기하고싶은 대가를치르게됐다. 널낳은대가를이렇게치르게됐다. 상담하지마라. 너같은게잘할리가없다. 2019.01.21. 엄마는인생종쳤다. 아무리생각해봐도니가엄마를기쁘게 해준일이없다. 진짜웃긴년. 누구를조종하려고하지마라. 징그럽다. 너는근본적으로니중심이다. 시집간애가오면서빈손으로달랑오는거보니정신대가리가없다. 쯧쯧. 빈손으로와? 싸가지도없고염치도없는버르장머리없는가시나새끼. 2019.09.11. 니배때지를갈라서창자를다꺼내버릴거야. 내가널죽여버릴거야. 엄마가죽으라면죽어야지. 칼이어딨지? 숨어봤자소용없어. 오늘너부터죽이고나도죽을거니까. 오늘이너마지막날이다. 그동안괴롭게하느라고생많았다. 오늘로안녕하자. 감히니가날경찰에신고해? 잡아가라고경찰을불러? 엄마를그렇게도못믿니? 칼을들었다고진짜찌르는게엄마니? 칼을들면네죽겠습니다하고배를내밀어야하는게자식이야. 2023.05.22. 니네아빠도너가쫓아냈잖아. 니가엄마를위해서해준게뭐야? 이거까지도니뜻대로하려고그래? 너아프든지말든지니가책임지고살아. 거짓말쟁이순거짓말쟁이. 너진짜꼴도보기싫어. 2023.06.11. 널낳은게후회된다. 다들버리라고했을때버렸어야했다. 너때문에내인생다망했다. 너같이 **사랑**없고차갑고싸가지없는사람은처음이다. 내돈이탐나서살랑살랑거리고징그럽다. 내말을안듣는널죽여버리고싶다.

2021. 06. 08.

태초에 인간을 창조할 때
귀 옆에 진공 마개 같은 걸 같이 달아 주시지.
가슴을 도려 내는 소리, 안 들어도 되는 소리가 들려올 것 같으면 먼저 막아 버리게.
아무리 힘껏 귀를 막아도 비집고 들어오는 소리
심장까지 들어와 박혀 버리는
저 소리들로부터 안전해지도록.

그리고
가슴 한편에도 뚜껑 같은 게 있었으면 좋았을걸.
슬픔이, 절망이, 자포자기가 들어오지 못하게 꽉 닫아 버리게.
혹시라도 들어온 건 탈탈 털어서 흘려 버리고
다시 꽉 돌려서 닫아 버리게.

2023. 06. 25.

191 그녀는 마치 호랑이 같았다.
날카로운 발톱을 세우고
입을 한껏 벌리며 포효하는 동물의 왕.
순한 먹잇감이 보이면
여지없이 달려들어 갈가리 찢어 놓는 맹수.

다른 동물들에게 약한 모습을 들키지 않으려고
날이 선 칼날 같은 눈을 번뜩이며 사는.
행여 누군가 자신을 무시할까 거세게 날뛰는.

"췌장이 너무 지저분해요. 암인 것 같네요.
입원해서 검사를 해 봅시다."

그녀는 진찰실을 나와 한동안 말없이 복도
의자에 앉았다.

그녀의 얼굴에 억겁의 시간이 흘러갔다.

아직도 스스로 용맹한 모습으로 거닐고 있다고
자부하지만

동물원 우리 안에 갇힌 호랑이.

유리창 너머에서만 바라볼 수 있는,

불쌍한 호랑이.

2023. 07. 15.

193

괴롭다는 말은
맛이 쓰다는 '고(苦)'로부터 왔단다.
그래서 곱씹을수록 쓰디쓰다.
몸 안 가득한 쓴맛이
쓰고. 쓰고. 쓰고.
괴롭다. 괴롭다. 괴롭다. 괴롭다. 괴롭다. 괴롭다.

읽을수록 갈퀴같이 생긴 그것은
마음에 상처를 만든다.
괴로움을 느껴야 희망도 느낄 수 있다는데
갈퀴 같은 괴로움이 온몸을 할퀴어

괴롭고, 괴롭다.

**2023.
07. 27.**

모든 고통에는 이름이 필요하듯
나의 아픔에도 이름이 필요하다.

느끼는 감정을 표현하지 못하는 건
정말 두려운 일이다.

2023. 07. 26.

한 열흘은 된 것 같아
눈을 감아도 방 안이 훤히 보인다.
환영처럼
조금 흐릿하지만 또 선명한 뭔가가 보였다.
다비드 조각상 같은 여자 얼굴이
모래 속으로 파묻혀 사라지는 듯한 잔상이
계속 반복되고 있다.

**2023.
07. 28.**

마음을 조각조각 뜯어
보송한 겉껍질을 벗겨 내자
핏덩이 같은 붉은 속살이 드러났다.
말캉한 덩어리를 꽉 움켜쥐었다.
시큼하고 비릿한 액체가 주르륵 흘렀다.

뿜어져 나온 검붉은 핏방울은
여기저기로,
눈이 닿는 구석마다 흩뿌려져
엉망진창이 되어 있다.

산적한 당신을 향한 미움은
나를 엉망진창으로 만들었다.

2023. 08. 02.

197   "이대로라면 여명이 삼 주 정도 남았을 것 같습니다. 가족들과 함께 의미 있는 시간 보내도록 해 주세요."

귀를 의심하게 되는 그 말.
보통 이 정도 상태에, 이 정도 증상이라면, 이 정도 남았겠지 하는 통계적인 수치를 이야기한다는데
육 개월도 아니고, 삼 개월도 아니고, 한 달도 아니고 삼 주라니 너무나 괴상하다.
영화나 드라마에서도, 아니 어디에서도 삼 주가 남았다는 건 들어 본 적이 없는데……
이거 트루먼 쇼가 아닐까 하고 갑자기 병원을 둘러보다가,

응급실 대기 의자에 웅크려 울다가,
네이버에 '여명이 삼 주 남았을 때 해야 할 일'을
검색하다가,
길바닥에 누워 울다가.

갑자기 너무 짧은,
동시에 끔찍하게 긴 시간이 주어졌다.

2023.
08. 04.

199

비의 기운은
마치 거대한 태풍이 몰고 온 폭우 같았다.
어디서부터 시작되어, 어디에서 끝날지 모르는
모든 걸 무너뜨리고 모조리 휩쓸고 갈 것만
같은.

비가 화를 낼 때면
온몸이 젖은 채 오들오들 떨었다.
내가 할 수 있는 일이라곤
그저 이 폭우가 그치기를 숨죽여 기다리는
것뿐이었다.

이제 비는 죽음을 향해 쏟아져 내린다.

**2023.
09. 01.**

마늘 넣고 들기름으로 볶기 200
간장 반 숟가락 넣고 양파, 파 같이 볶다가
고구마 순 넣고 볶기
깨 조금 넣고

병원에 가져갈 엄마 반찬

2023. 09. 05.

201 엄마의 시간은 하루에 일 년씩 흘러가고 있다.
나는 지금 뭘 해야 할까.
뭘 할 수 있을까.

2023.
09. 05.

미안해.

내가 너에게 기저귀까지 갈게 해서 미안해.

아니야, 마음껏 해. 내가 다 해 줄게.

**2023.
09. 07.**

203	 푹 꺼진 볼
아파서 찡그린 미간이
그대로 엄마의 얼굴이 되었다.

수분이 없어서 결이 그대로 드러나 보이는 피부 밑으로 퍼런 정맥 혈관이 쿵쿵 뛰고 있다.

2023.
09. 03.

아기를 낳으니
이 세상은 생명으로 가득 차 있는 듯했다.
탄생의 경이
그것에서 비롯되는 반짝반짝한 사랑들이
내가 살아왔던 세상과 참으로 달라서
기묘했다.

그런데,
눈을 뜨고 보니
역시나
삶은 죽음으로 가득 차 있다.
스러지고, 사라지고, 소멸하고, 보내지는 삶.

죽음의 과정을 지켜본다는 건

무기력의 늪 같은 데로
함께 저벅저벅 걸어 들어가는 느낌이다.
다시는 나갈 수 없고
숨을 쉴 수도 없는 곳으로
지금 들어가고 있다.

2023. 09. 18.

정릉동 우리 집 옆에는
밤이면 폭주족 오토바이가 질주하는
구불구불한 내리막길이 있었다.
우울해서, 슬퍼서,
잠이 오지 않는 밤,
부엉이 같은 눈을 뜨고
천장에 붙은 야광 별이나 세고 있는 새벽이면
어김없이 오토바이의 거칠고 날 선 배기음이
들려왔다.
매일 같은 시각, 같은 길.
누가 저렇게 성실하게 새벽을 가로지를까
궁금해하며
차가운 공기를 힘껏 들이켜는 자유를 상상하다
보면

내 귀에 박힌 창밖의 소리가
나를 훌쩍 다른 세상으로 데려갔다.

—

의사가 말한 여명 삼 주의 마지막 주를 보내고
있는 엄마는 아직도 나를 원망하고, 내 탓을 하고,
나를 깔아뭉개며 한껏 자존심을 세운다.
    나를 실컷 쪼그라들게 해야 삶이 덜 억울한
건지. 무너지는 몸속에서 그렇게라도 평온을 찾는
건지.
    애쓰며 죽어 가는 그 모습이 가엽다가도
버거워서
문득, 내가 더 먼저 사라지고 싶어질 때면
그 차가운 소리가 귓가에 왱왱 울렸다.

매일 밤,
나는
누워 있는 엄마의 온몸을 주무르며
새벽 차가운 도로 위를 달렸다.

**2023.
09. 18.**

　엄마는 내일이 분명히 있을 것처럼 매일을
지내고
　나는 오늘만 있을 것처럼 산다.

후회를 남기지 말아야지.

2023. 09. 19.

209 극적인 상황을 경험할 때
이성이라는 그늘에 숨겨져 있던 차가운 민낯의
내가 드러난다.

나를 물끄러미 바라보던 그 눈빛을

외면했다.

2023. 09. 19.

사람은 아기로 태어났다가
다시 아기가 되어 죽는다.
아기는 하루의 대부분을 잠으로 채우고,
죽어 가는 사람도 하루의 대부분을 잠으로
흘려보낸다.
눈을 감고,
잠들고,
조금씩 사라져 간다.

2023.
09. 23.

211　　각각의 삶.

누구는 죽어 가고,
누구는 칼칼한 생김치에 눅진한 칼국수를 삼킨다.

**2023.
09. 28.**

'나는 죽는 건 하나도 두렵지 않아' 하고 말하는 건 몹시 살 만하다는 증거였다.

2023.
09. 30.

213 이곳에서는 시간이 흐르지 않는다.

코 줄로 산소가 쉬익 뿜어져 나오는 소리,
웅웅대는 에어컨 소리,
병실 바깥에서 슬리퍼가 바닥을 쓸며 가는 소리,
시계의 초침 소리,
냉장고가 윙 하고 돌아가는 소리.

세미하게 느껴지는
이 울림과 진동을 한데 모으면,
허무가 된다.
그 허무의 파장을 그럴듯하게 접어 공간으로
만들면, 엄마가 누워 있는 여기, 906호다.

엄마는 점점

혼자선 침대에 앉아 있을 수도 없게 되었고
이리 뒤집혔다, 저리 뒤집혔다만을 반복했다.

이제 엄마가 스스로 할 수 있는 일은
그저 누워서 허공을 응시하는 것뿐이다.

2023.
10. 08.

215 평강.

응?

화장해 줘.

2023. 10. 12.

엄마의 말로는 그야말로 비참했다.

자신의 예순다섯 살이 이런 모습일 거라고 차마 상상이나 했을까.

뼈가 다 드러나게 앙상한 팔,

퉁퉁 부어 가는 다리,

야수처럼 벌어진 턱,

그 사이로 훤히 드러난 아랫니.

엄마는 가슴과 어깨에 마약성 패치를 두세 장씩 붙이고 아침, 점심, 저녁으로 마약성 진통제를 삼켜야 겨우 누워 있고, 잠에 들 수 있었다.

그러다 조금이라도 약효가 떨어지면

짐승 같은 신음 소리를 낸다.

배를 비추고 있는 적외선 조사기의 붉은 조명
너머로 붉게 물들어 있는 일그러진 얼굴.

이 모습이라도 기억하고 싶어
얼굴을 바라보고 있자면
이 모습이 기억되는 인생이 싫어진다.

엄마가 잠들자마자 옆에 있는 보호자 소파에
몸을 던졌다.

그리고 현실을 끄고, 막장 드라마를 켰다.
나는 이어폰을 끼고 매일 막장 드라마를
들으면서 잤다.

절망이 꽉꽉 들어차서 숨 쉴 틈도 없는
이 공간에서
도망쳤다.

2023.

10. 13.

   며칠째 나는 꿈과 현실의 경계 어딘가에 있다.
   슬픈 꿈을 꾼 것 같은데 그게 현실이었던 것
같기도 하고.
   엄마가 간호사 선생님들이랑
   멀쩡한 목소리로 농담을 주고받았던 게
꿈이었나 아니었나.

   엄마의 핸드폰 바탕 화면 속 서희의 웃는 사진이
   서글프다.

   이제 엄마는 간신히 숨만 붙어 있다.
   엄마는 고통으로 잔뜩 일그러져 마치 울고 있는
것 같은 얼굴을 하고

산소마스크 아래로 숨을 헐떡이고 있다.
엄마의 삶이 사그라지는 걸 보고 있는 것이 아프다.

사라져야 할 때가 되면
언제든 별것도 아닌 촛불처럼 꺼져 버리는 게
인생이었다.

2023. 10. 14.

엄마의 혈압이 계속해서 내려가고 있다.
50 이하로 떨어지면 아마 오늘이 마지막이 될 것 같다고 마음의 준비를 하라고 했다.
마음의 준비는 두 달쯤 전부터 다 되어 있는 줄 알았는데 이놈의 준비는 매번 새롭게 해야 한다.

죽음을 맞이하는 순간에
엄마 얼굴을 볼 수 있고,
머리를 쓸어 넘겨 줄 수 있어서 다행이라고 생각했다.
"엄마 사랑해."
평생 꺼낼 일 없어 묻어만 두었던 말을 꺼냈다.

마지막 인사를 남기고 나니

바이털 모니터에서 삐— 하는 소리가 나고 이어 경고음이 울렸다.

엄마의 심장이 이제 더는 뛰지 않는다는 걸 모두에게 알렸다.

방을 가득 채우고 있던 소리가 한순간에 사라졌다.

모든 것이 고요했다.

**2023.
10. 14.**

그녀의 삶은 222

그녀의 예순다섯 번째 생일날 끝이 났다.

**2023.
10. 16.**

223

자꾸 눈물이 흘렀다.
증오도, 미움도, 원망도 없었다.
기쁨도, 서글픔도, 고마움도,
어떤 감정도 느낄 수가 없었다.
마음에 생긴 커다란 구멍으로 나를 이루던 모든 게 줄줄 새어 나가고 있는 기분이었다.

인간은 열 달 동안 태어나기를 준비한다.
하지만 죽음은 아무런 준비도 할 수 없이
갑작스레 닥쳐온다.
아니, 어쩌면
인생은 태어난 순간부터
죽음을 향해
조금씩, 조용히 준비해 가는 과정일지도 모른다.

2023. 10. 20.

경황이 없어 감사의 인사를 이제야 드립니다.
어려운 자리에 시간 내어 와 주셔서 정말
감사합니다. 어머니께서 천국 가는 길 함께해 주셔서
무사히 장례를 치를 수 있었습니다. 보내 주신
따뜻한 위로 가슴에 새기도록 하겠습니다. 날마다
하나님께서 주시는 평안이 가득하시길 기도합니다.
서평강 올림

2023.
10. 23.

며칠째 엄마에게서 전화가 없다.
하루에 다섯 번씩 걸려 오던 전화가 없다.
내 인생에서 이토록 현실 감각이 없었던 적이 있었을까.

**2023.
10. 26.**

이제 내가 모르는 나의 어린 시절을 회상해 줄 사람이 없다.

2023.
11. 09.

227 장례식 후의 일상은 괴이하다.
평소와 똑같은 하루인데
시간이 도무지 흘러가질 않는다.
아무런 감각도 느낄 수가 없다.

나는 요즘 언제 잠들었는지 모르게 눈을 감고
언제 깼는지 모르게 눈을 뜨고 있다.

마치 움직이는 시체처럼 매일을 지낸다.

**2023.
11. 18.**

슬픔이 가득 차 흐르고 터지고 폭발한다.

그런데
나의 눈물에는 정화katharsis가 없다.

그저,
어딘가로부터 모인 허무한 것들이 가득 차면
어디론가 자동적으로 배출될 뿐이다.

2023.
12. 09.

엄마가 살던 동네로 다시 이사를 왔다.

이삿짐 어딘가에 넣어 두고 찾지 못해 사흘째 약을 먹지 못했다.

결국 택시를 타고 성북동에 있는 정신과에 가는데 가는 길에 내내 눈물이 흘렀다.

마치 가득 찬 물컵을 들고 달리기를 하고 있는 것처럼.

창밖으로 시선을 돌릴 때마다,

입을 떼려 할 때마다,

찰랑찰랑

눈물이 넘쳐흘렀다.

도대체 왜 눈물이 나는지도 모르겠다.

나도 언젠가 갑자기 죽을 것 같다.

절망의 심연으로 뚝 떨어졌다.

모든 것이 버겁다.

2023. 12. 15.

231 무의미한 시간을 흘려보낸다.
마음은 먼 곳을 떠돌고, 눈은 허공을 헤매고,
손은 기계적으로 SNS 화면 위에 두고 산다.
씨앗을 씨앗과 합치면 새싹이 되고 다시 새싹을 합치면 꽃이 되는 머지merge 게임을 하면서
내 마음속 기도 같은 것도 이렇게 되면 정말 좋겠다고 생각한다.
하루 동안 쉴 새 없이 되뇌는 '하나님, 저 좀 살려주세요. 도와주세요' 하는 말들이
스마트폰 속 게임처럼 합쳐지고, 합쳐져서 거대해지면 좋겠다.
지금 내 인생엔 없는 것 같은 그 하나님이
도무지 안 들을 수 없게,
안 들어 줄 수 없을 만큼 커다란 소리가 되면

좋겠다.

  누구에게 간절히 부탁하거나, 잘못을 빌 때처럼
손을 싹싹 비비며 부탁해서 될 일이면
나를 좀 살려 주시라고 말할 때
손도, 발도, 무릎도, 팔꿈치도, 종아리도,
뒤꿈치도 닳아 없어질 때까지 비비고 싶다.
이마는 비빌 짝이 없으니
납작 엎드려서 시멘트 바닥에 다 쓸리도록
비비고 싶다.
그래서 살갗이 다 벗겨지고 피라도 철철 흐르면
내 가슴이 시원하겠다.
그래 이 정도면 정말 들어주시겠지 하고.
세상에 나 혼자 떨어진 것 같다.
혼자 끙끙대고, 혼자 무섭고 외롭고 슬프고
이 모든 일의 마지막은 나.

  제발, 내가 혼자가 아니기를.

2024. 01. 12.

우리의 공간은 서로 다른 차원에 속해 있지만
그녀가 어딘가에 여전히 있다고 생각하면
마음이 좋아진다.
소멸된 것이 아니라 존재하고 있다는 것.

화장을 하면
커다랗게 존재했던 사람이
지름이 이십 센티미터 남짓한 작은 항아리에
담길 만큼 사라진다.
스러진다.
사람은 한 시간 반이면 먼지가 된다.

얼마 전까지만 해도
움직이고, 말을 하고, 화를 내고, 손을 잡았는데

살아 있던 존재가 사라진다.
사라지고 존재하고
어디선가 또 존재하고 어디선가 또,
사라지고
마음속에 존재했다가
어느 순간 마음속에서 사라졌다가
어쩌면 우리 인생은 태어나서부터 이것을
끊임없이 반복하는 건지도 모른다.

마음 한구석 그리운 아빠같이 생각했던
이모부가 돌아가셨다.
장례식장에 온 이모부의 친구들은
영정 사진에 환한 미소로 손을 흔들며 인사를
했다.

"관수야, 잘 가—"

마치 곧 만날 것처럼.

2024.
01. 17.

언젠가
『엄마가 갑자기 아프고 나는 혼자인 사람을 위한 길잡이』
『갑작스럽게 엄마가 돌아가신 사람을 위한 지침서』
이런 거 만들어야지.

**2024.
01. 25.**

보통 사람의 욕구
를 나도 가져도 된다.
그래야

삶이 찬란해진다.

2024.
02. 17.

237 엄마가 죽고 난 뒤 내 영혼은
이 세상과 저세상의 중간 어딘가를 계속
떠돌았다.
눈을 뜨고 있으면
체인스토크스 호흡을 하며
고개를 끄덕거리는 모습,
겨우 숨을 이어 가는
그 마지막이 떠올라 미안해지고
눈을 감고 있으면
내 마음 안에 아무것도 남아 있지 않아
우주를 떠돌며 쓸쓸해했다.

조카가 우리 집에 놀러 와
오랜만에 밖에서 사람같이 밥을 먹고 돌아온

그날,
   우리 집 현관문 앞에 이런 쪽지가 붙어 있었다.

   문○○ 님 큰딸입니다. 연락 주세요.
   010-○○○○-○○○○.

   이 세상이고, 저세상이고,
   우울이고, 슬픔이고, 나발이고,
   지금 내가 있는 이 이부 자매의 시궁창이나
벗어나야 한다.

2024. 02. 20.

239 엄마는 나를 버렸어야 했다.
　　너를 버리겠다, 인연을 끊겠다며 나를 괴롭게 했지만
　　생각해 보면 엄마는 나에게 버림받을 게 가장 두려운 사람 같았다.
　　내가 결혼하고 집을 나가는 날 세상이 떠나가는 것처럼 눈물을 흘렸고,
　　몇 시간씩 소리 지르며 욕을 한바탕하고 나서도
　　내가 전화를 받지 않으면 밥도 못 먹는 사람이었다.

　　결국 관계의 키는 내가 쥐고 있었다.

2024. 04. 17.

문득

엄마가 병원에 누워 있던 그때가 생각난다.
병실 보호자 소파에 누워 핸드폰에 펼쳐진
세상에 현실을 녹여 갈 때쯤
문득 옆을 바라보면
침대에 누워서 나를 가만히 바라보고 있는
엄마의 눈이 있었다.
엄마는 나에게 뭘 말하고 싶어 했을까.

그때 의식도, 감정도 없는 그 흐릿한 눈빛에서
'너는 날 안 주무르고 뭘 쳐다보고 있는 거야'
하는 말을 읽었다.

그리고 지금 나는 그때 그 눈빛을 바라보며
'네가 있구나, 내 옆에'
하는 말을 읽고 있다.

2024.
04. 17.

나는 그때가 제일 좋았다.

엄마가 말도 못 하고 그냥 누워만 있던 그때.

하루 종일 잠을 자는 건지, 의식이 없는 건지.
미동도 없이 누워만 있던 그때.

쉴 새 없이 뭘 가져와라, 해 와라, 주물러라
명령하지 않고

날 가만히 둬 줘서 좋았다.

여름 내내 선풍기 하나 없는 방에서 땀을 뚝뚝
흘리며 쑥뜸을 뜨고,

자다가도 일어나 엄마의 온몸을 주무르고,

삼시 세끼 다른 국, 다른 반찬에 밥을 차리며,

쓴웃음을 짓고 비위를 맞추던 나를

드디어 가만히 쉴 수 있게 해 줘서 좋았다.

지금 생각해도 그때가 제일 좋다.
그래도 엄마가 그 자리에 있어서
그 자리에 살아 있어서
가끔 눈을 뜨고
"평강, 얼음 줘"라고 말할 때가 좋았다.
나의 이름을 불러 줄 때가.

아무 말이 없어도
온기 있는 손을 잡을 수 있었던
그때가 그립다.

2024.
04. 20.

엄마가 죽고 난 뒤
나의 초미의 관심사는 사후 세계이다.
눈을 감으면 그 세계에,
눈을 뜨면 현실로.
두 곳을 왔다 갔다 하며 그 세계는 과연 어떠한 모양일까를 탐구하고 있다.

사실 태어나서부터 기독교인인 나에게
사후 세계가 그리 모호한 개념은 아니었다.
아니 오히려 보지도, 듣지도, 느껴 본 적조차
없는 그 세계를 어떻게 그렇게 확신하고 있었나
싶을 만큼 명확한 세계였다.
'사람이 죽으면 천국에 가겠지.'
'나풀거리는 흰옷 입고, 아름답게 펼쳐진

자연에서, 평온한 미소를 지으며 살아가는 그런
곳이겠지.'

   그런데 엄마가 죽고 나니
   그것은
   갑자기 우주에 생겨난 블랙홀처럼
   그동안의 확신했던 사고를 집어삼키기
시작했다.

   엄마는 지금쯤 어디에 있을까
   엄마는 지금 뭐 하고 있을까
   사람은 죽으면 어디로 갈까
   아무것도 믿지 못하겠고,
   아무것도 상상할 수가 없다.

   어디선가
   나의 실존이 다시 실존하게 되는 곳
   그곳이 사후 세계가 아닐까.

   지금 엄마는 어디선가 여전히 실존하고 있다.

2024. 04. 20.

2023. 10. 14.

 엄마의 삶은 병원에 들어간 순간부터 시간의 흐름을 인지할 수 없을 정도로 느리게 흘렀다.

 아니, 아예 흐르지 않는 것 같았다.

 늘 같은 소리, 같은 냄새, 같은 자리에 있어 아무도 정체를 눈치채지도 못할 만큼.

 그런데 엄마의 죽음 이후의 과정은 너무나 (놀랍도록) 신속하게 진행되었다.

 바이털 모니터에 '0'이 찍히고 나니 삐삐삐— 하는 기계의 경고음이 울렸고, 의사와 간호사 여러 명이 우르르 병실로 들어왔다.

 "2023년 10월 14일 오후 12시 49분. 문○○ 님 운명하셨습니다."

 고장 난 기계 같았던 (불수의적인) 고개

끄덕임이 없어지고 엄마는 입을 벌린 채 멈춰 있었다.

삼십 분쯤 흘렀을까.

시신을 옮겨 갈 사람들이 왔다.

그들은 조금의 실수도, 망설임도 없는 아주 익숙한 손놀림으로 엄마를 정리했다.

정중하고 조심스럽게, 그렇지만 빠르게.

어찌나 호흡이 잘 맞는지 '하루에 몇 번이나, 몇 년이나 이 일을 반복했을까' 하는 궁금함이 들 정도였다.

토요일 강변북로의 지옥 같은 교통 체증을 뚫고 오후 3시, 아산병원 장례식장에 도착했다.

'엄마가 죽었나?'

'이제 간병은 끝인가?'

'아니, 이제 엄마를 다신 못 보는 건가?'

셀 수 없이 많은 생각들이 머릿속을 어지럽히다 '아!!!!! 아니다. 이건 꿈이다. 분명 이건 꿈일 거야!!!' 하고 현실이 희미해지려고만 하면 누군가 날 찾아왔다.

"빈소 크기는 어떤 걸로 선택하시겠어요?"

"어머니 손님이 많으신가요? 너무 크면 비어 보여서 오히려 좋지 않아요. 손님이 적당하면 작은 크기의 빈소가 좋죠."

"단을 꾸밀 꽃은 어떻게 하시겠어요? 고인을 생각하는 마음에 크고 화려하게 하시기도 하지만, 결국 버려질 것들이라 나중에 후회하기도 하니까 중간 옵션을 추천해 드려요."

"식사, 반찬은 뭐로 주문하시겠어요? 기본은 육개장에 수육이에요. 홍어무침도 좋지만 요즘은 사람들에게 수육이 인기가 있죠. 몇 인분이면 될까요?"

"발인은 ○○시고, 화장터는 일단 대전으로 예약해 놨는데 요즘 시신이 하도 많아서 서울에 자리가 없네요. 수시로 확인해서 자리가 나는 대로 최대한 서울 근교로 예약해 볼게요."

'합리적이고, 요즘 인기가 있는 것'들로 추천을 받아 계약을 하고 나니
엄마가 죽은 건지, 내가 무슨 돌잔치 준비를 하고 있는 건지 알 수가 없었다.

오후 5시, 빈소가 차려지고 손님들이 왔다.

엄마는 친구가 없었다. 엄마 핸드폰에는 친구의 연락처가 단 하나도 없었다. 엄마는 그 긴 시간을 어떻게 살았던 걸까. 누구한테 하고 싶은 말을 했을까. 일없이 생각나서 연락하는 사람은 없었을까. 나중에 책상을 정리하다 나온 대학원 동기분에게 전화를 걸었다. **"연락 안 한 지 십오 년쯤 됐어요."** 그녀는 몇 분쯤 엄마의 죽음을 안타까워하더니 그보다 한참 긴 시간 동안 자신의 인생에 대한 푸념을 했다.

빈소를 찾은 사람들은 대부분 친척들과 내 친구들, 남편의 동료들이었다. 엄마의 죽음을 슬퍼하는 사람은 별로 없었다.

다시 현실의 세계에서 눈물이 한 방울쯤 흐르려고 하면 너도, 나도 다가와 나를 말렸다.

"밥 먹어. 네가 살아야지."

"슬퍼하지 마. 이제 고생 끝났는데."

"장례식에서 상주가 너무 슬퍼 보이면 안 돼. **끝나고 울어.**"

(그래서 나는 육 개월이 지난 지금도 아직 다 울지 못했다.)

밥을 먹다가, 슬펐다가 슬퍼하지 말았다가,
눈물이 났다가 눈치가 보여 울지 말았다가, 그러다
어떤 손님이 오면 예의상 우는 척을 했다가.
　나중에는 정신이 없어 내가 울고 있는지, 웃고
있는지도 모를 지경이었다.

　이틀 동안 이 일을 하려니
　밤에 빈소 문을 닫고 나면 오늘 하루 잘 치러
냈다는 묘한 후련함이 들었다.
　심지어 '오빠, 오늘 고생 많았어요. 내일만 힘내
보자' 하며 남편과 서로를 응원하기도 했다.

　괴상한 장례의 세상이었다.

2023. 10. 16.
　장례 지도사의 성공적인 화케팅(화장터 자리
예약하기=폭풍 클릭)으로 엄마의 화장터는
대전에서 용인까지 올라오게 되었다.
　그 소식을 듣고 멀리 가지 않아 정말 잘됐다며
다들 날 축하해 줬다.

　마지막으로 다 같이 엄마의 모습을 보고(난

보러 가지 않았다) 관 안에 넣었다.

그리고 버스에 실었다.

버스는 용인 화장터로 달렸다.

가는 길에는 이상하게(이제 이상하게 느껴졌다) 눈물이 계속해서 흘렀다.

화장터에 도착해서 엄마를 내렸다.

계약을 하느라 이런저런 서류에 사인을 하고 나오니 장례 지도사가 말했다.

"화장하는 시간이 한 시간 반에서 두 시간은 걸리니 방에서 대기하다가 점심 식사 하고 오세요."

점심 식사를?

그러자 누군가 **"다들 먹고 살아야지"**라고 크게 말했고, 다 같이 아무렇지 않게 식당을 향해 걸어갔다. 식당에는 소고기국밥과 라면, 두 가지 메뉴가 있었다. 아무것도 들어갈 것 같지 않았는데, 나는 그곳에서 내 인생 가장 맛있는 라면을 만났다.

삶이 사그라지는 그곳에서

펄떡펄떡 살아 있는 나의 감각을 또렷하게 경험하게 되는 아이러니.

탐욕과 죄책감을 한데 말아 후루룩 먹었다.

한 시간 이십 분쯤 흘렀나. 엄마는 빨리
태워졌다고 했다.

화장장으로 내려가니, 조그마한 창문을 열고
방진복에 커다란 마스크를 한 사람이 나와 엄마를
보여 주었다. 정확히는 엄마 가루를.

그는 엄마 임플란트가 남았다며(이건 안
태워진단다) "이걸 같이 봉안함에 넣어 줄까요?"
하고 물어봤다.

사람이 죽으면 한 줌 가루가 된다더니
이렇게 하찮은 회색 먼지가 되는 거였네.

봉안함에 엄마 가루와 임플란트를 넣고 진공
처리를 했다.

갓 태워진 엄마는 손안에서 따뜻했다.

화장터로 오는 버스에서는 눈물이 흘렀는데
봉안당으로 가는 버스에서는 눈물이 흐르지
않았다.

이제 어디에서도 보이지 않는
웬 공기 같은 존재가 되었다는 것이 도무지
머리로 이해되지 않았다.

내가 지구에 있는지, 우주에 있는지, 진공
상태에 있는지, 이곳이 버스인지, 꿈인지.

내가 사라지고 있는지, 살아지고 있는지.
의식할 수조차 없었다.

봉안당에 도착해 또 그놈의 계약서에 사인을
하고(장례 절차는 계약과 결제, 이 두 가지의
끝없는 반복으로 이루어진다) 두둑하게 챙겨 온
조의금으로 현금 결제를 했다.

그리고 엄마를 넣어 놓을 자리로 내려갔다.

앉아서 보기에 편한 사층 단의 자리로
결정했는데 뒤늦게 온 삼촌이 말했다.

**"어제 누나가 꿈에 나왔는데 모습이 별로더라.
'사'가 들어간 자리는 기가 안 좋아. '오'가 들어간
자리로 바꿔."**

이제 죽었는데 기가 좋고 자시고 그게 다 무슨
소용이지. 실랑이를 할 힘도 없어 오층 단으로
바꾸느라 결국 오백만 원을 더 지불했다.

장례 지도사가 내려와 예를 표하는 법을 가르쳐
주면서 봉안함에 손을 얹고 고인에게 마지막으로
하고 싶은 말을 하라고 했다.

갑자기 이모들이 꺽꺽 울었다. 그동안 울지 않던
사람들도 모두 눈물을 흘렸다.

아마 이제서야 헤어짐이라는 걸 진짜로

경험하고 있는 것 같았다.
나는 눈물이 나지 않았다.
마지막 인사도 나오지 않았다.
그냥 항아리에 뭘 하라는 건지 싶었다.
이모들이 쳐다보고 있어서 예의상 **"엄마, 천국에서 만나"**라고 인사를 했다.

그리고
난 이날 이후로 봉안당에 가지 않았다. 봉안함도 쳐다보지 않았다.
(삼십여 년 동안 모르고 지냈던 첫째 언니란 사람이 하필 딱 그곳에서 만나자고 하기 전까지.)
꽃이라도 붙여 놓자고 했는데 그러고 싶지도 않았다.

적어도 나에게는
그곳에 엄마가 없었다.

모든 절차가 끝나고,
아산병원으로 다시 돌아오는 버스 안에서
모두 쓰러지듯이 잠을 잤다.
"다들 장례 기간 동안 고생 많았어. 푹 쉬고 건강

잘 회복해."

"이모, 다음에 또 뵈어요. 놀러 갈게요."

"장례 도와주셔서 감사해요. 연락드릴게요."

버스에서 내려서는 '장례'라는 단어를 '이사'나 무슨 '행사'로 바꿔도 조금도 이상하지 않은 인사를 나누고 헤어졌다.

죽은 사람의 시간은 이제 어디에도 존재하지 않는다.

산 사람의 시간은 비자발적이고, 연속적으로, 그가 눈치채지 못한 순간에도 흘러가고 있다.

멈춰 버린 시간과 흘러가는 시간의 이 선명한 괴리감이
나를
죽음과 삶,
현실과 비현실을 떠나
어디 제3의 공간쯤에서 살고 있는 것처럼 느끼게 한다.

이 글을 쓰고 있는 2024년 4월 20일에도 나는 이 제3의 공간을 유랑하고 있다.

2024.
04. 22.

사랑했던 연인과 헤어져도
가족과 오랫동안 떨어져 있어도
소중한 친구들이 떠나도
나는 한 번도 눈물을 흘린 적이 없었다.
존재의 상실은 나에게 별 의미가 없는 듯했다.

엄마의 죽음 전까진.

2024.
04. 22.

257   엄마에 대한 글을 쓰려고 하니
수많은 단어들이 튀어나왔다.

마치 꺼내 주길 기다렸던 것처럼.

**2024.
04. 22.**

계란을 열 개 정도 한가득 깨고 곱게 풀어
마늘과 양파 듬뿍 넣고,
알루미늄 통에 든 후추를 재채기 나도록 넣고,
후라이팬에 크게 구워 마지막에 김도 한 장 올려
내던 계란부침개.
엄마가 해 준 그 음식이 생각나.
혀끝을 맴돈다.

**2024.
04. 22.**

259   돌이켜 보면

그녀를 죽인 건
바로 나였다.

더 빨리 병원에 갔었다면.
건강 검진을 받게 했었다면.
속이 좋지 않다고 하는 말을 흘려듣지 않았다면.
외롭게 혼자 두지 않았다면.

아니, 애초에 나 때문에
슬퍼할 인생을 살게 하지 않았다면.

2024.
05. 02.

　엄마, 나는 엄마랑 시답잖은 소리가 정말 하고 싶었어.
　가끔 남편 흉도 보고,
　자식 키우면서 힘들다는 푸념도 하고,
　요즘 그 드라마 진짜 재밌더라 하고,
　더워서 입맛이 없어, 빨간 꽃게무침 해 줘 하고.

**2024.
05. 03.**

코끝에서 그날의 냄새가 난다.

호스피스는 대기만 삼 주를 해야 한다는 말에, 수도권에 있는 요양 병원을 죄다 뒤졌다.

하지만 엄마의 간 수치가 너무 높아서 어느 곳도 받아 줄 수가 없다고 했다.

주말이면 남편에게 엄마를 맡겨 놓고 하루 종일 엄마가 갈 수 있는 병원을 찾으러 다녔다.

그러던 어느 날, 기적처럼 한 병원에서 전화가 왔다. 엄마를 받아 주겠다는 연락이었다.

가슴이 터질 듯 뛰었다. 오층을 한달음에 뛰어 올라갔다.

"엄마, 우리 이제 병원 가자!!!!!"

엄마는 힘없이 고개를 돌렸다.

"내가 이제 병원 가서 뭐 해. 나 항암 안 할 거야.
다들 그거 하면 더 몸이 나빠진대잖아."

"엄마, 이제 삼 주 남았대……. 가자. 병원에서
주사도 맞고. 제발 가자. 엄마."

도대체 어떻게 전해야 할지 몰라 꺼내지 못했던
말, '여명 삼 주'.

그 말이 어려워 며칠을 잠도 못 자고
끙끙댔는데, 어느새 내 입에서 튀어나와 있었다.

엄마는 누워만 있던 자리에서 바로 일어났다.

자신의 여명이 삼 주 남았다는 사실을 알게
되면 쓰러지지 않을까, 너무 슬퍼서 주저앉아 울진
않을까, 아니 나를 붙잡고 원망하며 고함을 치진
않을까 하는 상상을 했었는데

엄마는 아무 말도 없었다.

꾹 다문 입술에서 비장한 각오 같은 것이 느껴질
정도였다.

덜덜 떨리는 손으로 얼굴을 곱게 만지고, 가발을
쓰고, 단정한 검정색 면 원피스를 입었다.

"이제 다 했어. 가자."

한 손으로 서희를 잡고, 한 손으론 엄마를 부축하고 오층 계단을 내려갔다.

엄마는 계단을 내려가는 것이 불가능해 보일 정도로 약해져 있었지만 이를 앙다물고 천천히 한 칸씩, 한 칸씩 내려갔다.

매일 엄마 집 거실에서 해가 다 기울어 컴컴해지도록 혼자서 놀아야 했던 서희는 오랜만의 외출에 들떴는지 콧노래를 흥얼거리며 물었다.

"엄마, 우리 어디 멀리 가요?"

9월이었지만 아직도 끈적한 더위가 내 머리와 등에 기분 나쁘게 흘러내렸다.

금요일 오후라 도로는 꽉꽉 막혀 있었다.

라디오에서 평안한 찬양이 흘러나오는데 하나도 귓가에 들리지 않았다.

할머니, 엄마, 손녀. 평범한 삼대의 외출 같은 모습이었지만

어느 한 군데도 도무지 일상처럼 느껴지지 않는 위화감이 가득했다.

차가 제대로 움직이지도 않는데 엄마는 연신 헛구역질을 했다.

엄마의 얼굴은 금세 땀으로 범벅이 되었다. 눈물도 섞여 있는 것 같았다.

병원에 가는 한 시간 반이 영원처럼 느껴졌다.

냄새는 기억을 부른다더니
나를 그날의 그곳으로 데려다 놓는다.

내 삶이 막 스러지기 시작하던 지난해의 여름, 그날의 냄새가 난다.

2024. 06. 04.

265

아무 일도 없었던 것처럼,
이제 다 괜찮은 것처럼
자고, 먹고, 걷고, 이야기하고,
똑같은 일상을 살아가고 있지만

나의 속은 아직도 비명을 지르며 운다.

왜 한 사람의 인생을
이렇게까지 망가뜨려 놔야만 했냐고
밤마다 절규한다.

가쁜 숨을 몰아쉬고
갈가리 찢어지는 가슴을 움켜쥐고
전율처럼 터지는 두통에 시달리며

원망하고 또 원망한다.
이제 그만하고 싶다.

할 수만 있다면
배를 갈라서라도
심장을 쪼개서라도
이 끔찍한 슬픔들을 내 몸 밖으로 꺼내 버리고 싶다.

2024. 06. 18.

서희는 요즘 잠들기 전, 나에게 창작 동화를 들려준다.

그런데

누구의 엄마 아빠가 하늘나라로 가고, 남겨진 아이는 울고, 요정들이 와서 위로하고, 천사들이 나타나 구해 줬다 하는 이야기들뿐이다.

갑자기 잠실 할머니 생각이 나서 눈물이 날 것 같다고도 한다.

이 작은 마음에도 상실, 슬픔 같은 것들이 스며든 걸까.

내가 울고 있으면 어느샌가 나타나
"엄마가 울면 떠히도 마음이 슬퍼져요" 하며
나의 손을 꼭 잡아 준다.

이 작은 손이 얼마나 기특하고 얼마나 고마운지.
이 과분한 사랑을 내가 어떻게 다 갚을 수 있을까.

어쩌면
조건 없는 사랑은 부모의 사랑이 아니라 자식의 사랑인 것 아닐까.
나에게서 태어났다는 이유만으로
나를 엄마로 부르고
자신의 우주로 여기고
나를 무조건적으로 의지하고 사랑해 주는 사랑.

가만히 있다가도 눈물이 뚝뚝 흐르고
혼자 있으면 아기가 울듯이 꺽꺽 울다가 바닥을 기고 테라스에 나가 있으면 이대로 떨어지면 어떨까 생각이 자꾸 들어 무서워진다.

그럴 때 이 사랑을 계속 떠올려야지.

2024.
06. 19.

269

　이제는 엄마가 어디에도 없다.
　온 우주 어디에도 엄마의 존재는 없는 것 같다.
　그 전에는 어딘가에 살아 있을 것 같아서
원망스럽기도 하고
　찾아서 화내고 싶기도 했는데
　이제는 아무리 애써도 다시는 보지 못할 것
같아서 보고 싶어진다.

　한 번만 더 손잡아 볼걸.
　나한테 따뜻한 말, 살가운 포옹 같은 것
　평생 한 번도 해 주지 않았지만
　내가 누워 있으면
　팔베개를 해 주려고 말없이 펴던 무뚝뚝한 그
팔에 다시 한번 기대 보고 싶다.

내 기억 속에서 좋은 것도, 나쁜 것도,
아무것도
사라지지 않았으면 좋겠다.

2024.
06. 26.

271 일 년 동안 먹고
사 개월 동안 단약했던 정신과 약을
다시 오늘부터 시작한다.
어지러워서, 그리워서
눈물에 절여져 살았는데
다시 내 가슴은 뜨거운 볕에 바싹 마른
퍼석퍼석한 수건 같다.

**2024.
07. 22.**

병원에 누워 있는 엄마가 내 동공에 맺혀 있다.

2024.
07. 23.

273 엄마는 두 손으로 내 팔을 붙잡고
아이가 걸음마를 처음 뗄 때처럼
어기적어기적 걸어서 화장실에 갔다.
내 손과 발이 없으면 아무것도 할 수 없었다.

하루는 검정색 종이 같은 대변을 보고
그다음 날에는 하얀색 종이 같은 대변을 봤다.
엄마도 자신의 몸이 변해 가는 것이 충격적인
듯했다.

인간이란 얼마나 약한 존재인지.
어느 날 서 있던 사람이,
어느 날은 걷지도 못하고,
금세 아무 말도 없이 누워 있는 존재가 되어

버리는지.

얼마나 쉽게 금이 가고,

얼마나 순식간에 소멸되는지.

언제든 아무렇지 않게 부서져 버릴 운명을 안고 있는지.

점점 엄마의 눈에서는 초점이 흐려졌다.

하루 종일 자는 듯이 눈을 감고 있었지만

잠깐 눈을 떠도 어딜 바라보고 있는지, 무슨 생각을 하고 있는지 알 수 없었다.

"물 좀 줘."

"언제 퇴원할 수 있대?"

가끔 의식이 돌아오면 꼭 같은 말만 반복했다.

그리고 아주 센 마약성 진통제를 먹은 다음 날 아침, 잠에서 일어난 엄마가 활짝 웃으며 온 힘을 다해 속삭였다.

"나 어제 병이 다 나은 것 같아. 이제 집에 가자."

2024. 07. 28.

작년 병원의 모습이었다.
엄마가 곧 죽을 것 같아서 마음이 절박했다.
여기저기를 뛰어다니며 발을 동동 구르다
문득 꿈에서 깼다.

아, 엄마는 이미 죽었지.

금기시된 안도감이 내 등줄기를 타고 흘렀다.

매일 상상하고 상상했던
엄마의 죽음이 다가왔다는 게

아직도 꿈을 꾸고 있는 것 같다.

2024.
08. 02.

　심해어.

　햇빛이 비치지 않는 심해에 서식하는 어류.

　한 줄기 빛도 없는 어둠 속에서 살아남으려고
발버둥 치는 존재.

　그래서 눈이 더듬이처럼 진화되고

　몸이 돌처럼 딱딱하고 울퉁불퉁하며

　이빨이 공룡의 그것만큼 크고 날카롭다.

　저 기괴한 심해어도

　제 어미에게는 귀여운 새끼 물고기였겠지.

　사랑 한 줄기 없는 팍팍한 현실 속에서 살아남기
위해 지금의 이 기괴한 모습을 하게 된 나도

　언젠가 귀여운 새끼였을

　까.

2024. 08. 16.

277   내 불행의 자리에 꼭 들어맞는 행복이란 건
애초에 없었다.
　　상실은 어떤 것으로도
　　완벽하게 대체되지 못한다.

2024.
08. 17.

　어제만 해도
　마흔 언저리까지 살아온 인생은 엄청나게
빨랐다고, 아마 남은 인생의 절반은 지금보다 훨씬
빠를 텐데 무언가 가치 있는 일을 하면서 죽음을
준비하는 인생이 되어야겠다고 무슨 깨달음이라도
얻은 양 떠들었는데

　하루도 안 지나서
　난 아무것도 모르겠다.

　어딜 봐도 깜깜한 암흑밖에 없는 우주를
　떠도는
　바보 멍청이 같은 먼지 한 톨일 뿐이다.

**2024.
08. 17.**

279   그런데

사랑은

먼지 같은 나도
누군가의 우주가 되게 한다.

나   는

서   희   의

우   주   가

되   었   다.

2024.
08. 18.

지금
할 수 있는 말
해야 하는 말

사랑한다
사랑한다
사랑한다
사랑한다

죽음의 끝은 **사랑**

죽음을 지나니
사랑을
사랑하게 되었다.

**2024.
08. 19.**

281   저 멀리 능선을 따라 흐르는 햇살이 미치도록 아름다워

모든 것이 살아 있다.

나를 죽였던 것은 그놈의 **사랑**이었고

지금 나를 살리는 것도
이 세계에 가득 찬
사랑이다.

**2024.
08. 19.**

삶은 언제나 전쟁이다.　　　　　　　　　　　　282

나의 그것은
그 어떤 전쟁보다 치열하고, 끝나지 않는,
어쩌면 승리라는 게 있을 수가 없는 전쟁.
바로
독립 전쟁이다.

쓰러지고, 일어서고, 또다시 맞서는
수십 번, 수백 번 반복되는 전투.
나를 살리기 위해,
나로 살아가기 위해
계속되는
독립 전쟁.

2024.
08. 19.

　　올해는 열대야가 백십팔 년 만에 최장 기간을 기록하고 있다고 한다.
　　도무지 잠들 수 없는 밤
　　찌뿌둥한 몸을
　　꽤 오랫동안 이리저리 뒤척인다.

　　할머니는 오십 대라는 꽤 이른 시기에 치매를 앓으셨다.
　　그리고 가족들에게도 환대받지 못하고,
　　자신 스스로도 괴로운 나날을 살다가 육십 대에 돌아가셨다.

　　엄마는 할머니를 보고 자신의 기대 수명을

예측했던지, 육십 대가 되자 삶이 얼마 남지 않은
사람처럼 초조해했다.
 그러고는 딱 예순다섯 살이 되는 그날,
 급하게 떠나갔다.

 두 사람에게 이어진
 마치 저주 같은 기대 수명의 굴레.

 이런 밤이면
 미련 없던 삶이 조급해진다.

2024.
08. 19.

285   그녀가 나를 떠났던 나의 백 일,

아무도 없는 서늘하고 축축한 반지하 방,

언제나 불이 꺼져 있던 집,

알록달록 한복을 입은 사람들이 시끌시끌 나오는 티브이를 크게 틀고, 도시락 컵라면을 잡채, 불고기 삼아 놓고 먹던 설날,

눈을 감으면 내일은 뜨지 않기를 바랐던 삶, 아무래도 잘못 태어난 것 같다고 생각되던, 그래서 언제든 그치길 바랐던 인생.

자격 없는 사람들이 만든 아이.

**2024.
08. 19.**

287   그녀의 흔적은 어디에도 없다.

눈앞에
그녀가 쓰던 안경
그녀가 보던 낡은 성경책
서희가 환하게 웃고 있는 그녀의 핸드폰이
있지만

이제
그녀의 흔적은
놀라울 정도로 전혀 남아 있지 않다.

마치 처음부터 없었던 것처럼.

**2024.
08. 19.**

당신은 날 돌보지 않았다.
당신은 날 소모품으로 사용했다.
늘 당신이 하고 싶은 대로 날 다루다가
당신 마음대로 떠나가 버렸다.

날 다시없을 고아로 만들었다.

2024. 08. 19.

289   그녀의 유산은
이십오 년 된 낡은 빌라, 503호이다.

　수중에 돈 한 푼 없이, 혈혈단신으로 서울에 올라와 갖은 고생 끝에 갖게 된 보금자리,
　하나님의 축복으로 드디어 하루 종일 햇빛이 드는 곳에서 살게 되었다던 그 집.
　그녀의 인생을 실패가 아닌 성공으로 보이게 했던 곳.

　나에게는
늘 굳게 닫혀 있던 방문,
　혼자 살았던 반지하 방과 다를 바 없는 온기 없는 거실,

선풍기도 날아오고, 칼도 들었던 끔찍한 곳.
들어갈 때마다
가슴이 두근거려
계단에 앉아 큰 숨을 쉬고 마음을 쓸어내려야만
했던 그 집.

2024.
08. 20.

큰 태풍이 온단다. 292
 구조물 안전 점검에 유의하라는 뉴스가
계속해서 들린다.

 2019년에도 아주 큰 태풍이 왔었다.
 길거리 간판이 부서지고, 창문이 깨지고,
차도 날아가고, 잠실역 근처 가로수가 다 뽑혀
이리저리로 누워 있었다.
 『오즈의 마법사』에서처럼 토네이도가 세상을
휩쓸어 가고 나면 이런 느낌일까.

 태어나서 처음 보는 생경한 광경.

 그곳에

이제는 세상에 없는
그녀가 있었다.

애도는
있어야 할 무엇이
이제 더 이상 있지 않다는 사실을 맞닥뜨리는
것이다.

2024.
08. 20.

그녀의 죽음으로 인해
나는
삶을
사유하게 되었다.

**2024.
08. 21.**

295   꽃도
　　　　누군가의
　　　　손길이 닿고
　　　　물이 스며야

　　　　자기답게 피어난다.

**2024.
08. 23.**

우울과 불안을 피하는 데에 에너지를 쏟지 말고 마음이 편한 곳에 시선을 두세요.
지금 날 적극적으로 기쁘게 하는 것들을 찾아보세요.

오후, 시원한 거실 나무 바닥에 누워 듣는 음악
그보다 더 좋은 건 곤히 자는 서희의 얼굴
「섬집 아기」 노래 2절: 아기는 잠을 곤히 자고 있지만 / 갈매기 울음소리 맘이 설레어 / 다 못 찬 굴 바구니 머리에 이고 / 엄마는 모랫길을 달려옵니다. 나에게 달려오는 엄마……
비 오는 날, 바람이 많이 부는 날에 머리를 휘날리며 자전거 타기

강원도 산길을 브레이크 없이 부드럽게 코너링하며 갈 때(마치 「이니셜 D」의 주인공이 된 느낌)

태백산과 푸른 숲

나뭇가지 사이로 보이는 다양한 하늘의 모양

밥이 맛있으면 먹다가 일어나 엉덩이춤을 추는 서희

축축한 목욕탕 냄새

2024.
08. 24.

이명.   298

오늘은
그 희미한 소리로부터
불안과 평안이 교차하는 지점이 느껴졌다.

2024.
08. 30.

299 죽음은
사람에게 단 한 번뿐인 일이지만,
어디서든 끝없이 되풀이되는 일이다.

죽음은
누군가에게 끝을 알리지만,
남겨진 이들에게는 시작을 알린다.
떠나는 이도, 지켜보는 이도
그 앞에서야 비로소 삶을 마주한다.

죽음은
잊힌 자리를 만들지만
우리는 그 공허 속에서
사랑을 배운다.

가장 깊은 밤에
별이 선명하듯,
죽음에 가까워질수록
더욱 선명하게 삶을, 사랑을 바라본다.

죽음의 역설.

2024.
09. 18.

301   그녀의 이름은 세 개였다.
        그중 하나님으로부터 받았다는,
        그리고 가장 오랜 시간 지니고 살았던 이름은
'순종'이었다.

        그리고
        나는
        아주 오랫동안
        맹목적일 정도로 순수한,
        무자비하고 폭력적인 순종을 보았다.

**2024.
09. 18.**

그녀의 탯줄은 태아와 연결되지 않았다.
그녀의 양수는 온기를 주지 못했다.
그녀의 자궁은 차라리 말라 버리는 편이 좋았다.

2024. 09. 23.

303　　　엄마의 물건을 버리지 못했다.

오랜만에 만난 이모가 물었다.
"엄마 물건은 정리했어? 그냥 싹 다 버려. 그게 제일 속 편한 일이야."
"네, 얼추 다 정리했어요."

사실 아무것도 버리지 못했다.
보풀이 가득한 울 코트도,
나는 찰 일이 없는 진주 목걸이도
돋보기안경도
가죽이 다 갈라진 성경책도
그대로 있다.

아마 엄마 집을 빌려주지 않았으면
시체가 썩는 것 같은 비린내 나는 김치 냉장고도
언제까지고 붙들고 들어앉았을 거다.

2024.
09. 24.

305　　엄마가 늘 들고 다니던 숄더백과
　　　자주 입던 외투 주머니에는
　　　구겨진 영수증이 몇 장이나 있었다.

　　　가게도, 메뉴도 늘 같았다.

　　　장다리 남원 추어탕
　　　추어탕 8,500원

**2024.
09. 24.**

인생은 현실만으론 살아갈 수가 없다.

사람의 뇌는 스트레스 속에서 점점 고장 나고,
제대로 작동하지 않는다.
부하가 크면 클수록 무너져 내린다.

그때는 꿈이 필요하다.

지금 간절한 것,

꿈.

2024.
10. 03.

307　　그리운 고향은
　　　태어난 곳이 아니라
　　　내가
　　　떠나온 곳이었다.

　　　그녀는
　　　떠나가니
　　　나의
　　　엄마가 되었다.

2024. 10. 05.

C: 언니는 그걸 사랑이라고 느껴요?

그녀는 나에게 가장 안전한 길을 알려 주고 싶었던 것 같아. 자신을 살려 주었던 길. 죽지 않게 했던 길.

그래서 그 길이 아니면 죽을 거라고 두려워 떨 정도로 고집을 부리던,

바로 그 안전한 길……

기괴한 모양도 끈덕지게 들여다보니 사랑이더라……외곬의 사랑, 맹목의 사랑, 부족하고 미숙한 사랑, 들어맞지 않는 사랑, 그래도 사랑 그러니 사랑 다시 사랑

결국 사랑

2024.
10. 07.

309　아직도 죽음을 헤엄치고 있는 나는
　　미용실에서 머리카락을 자르고 있다가
　　옆에서 문득 들려온 단어,
　　'간이식 화장실'에서
　　다 망가져 버린 엄마의 '간 이식'을 떠올리고
　　복수가 가득 차 물고기 배처럼 부풀어 오른 배,
　　누런 몸,
　　일그러져 굳어진 얼굴을 떠올리며

　　가슴이 저려 온다.

2024. 10. 11.

밤마다
침대에 누워 있는 엄마의 머리칼을 쓰다듬었다.
"나는 엄마가 병원에 있어서 정말 좋아. 집에서 내가 해 줄 수 있는 것도 없고, 엄마가 그냥 아프고 고생할까 봐 너무 무서웠는데 병원에 오니까 정말 좋아."

엄마가 내 말을 듣고 빙긋 웃으며
나를 바라봤다.
엄마는 편안해 보였다.
미간의 주름이 부드럽게 펴져 있는 걸 보니
내 굽은 어깨도, 다 구겨진 마음도 사악 펴지는 것 같았다.

한 번쯤 이렇게 해 보고 싶었다.
한 번쯤은.

애도
일기

꿈이었다.
남편이 나에게
이제 어딘가로 떠나야 한다고 말했다.
내 품 안에 있던 젖먹이 아기는 온 힘을 다해
안아 보아도 자꾸만 힘이 없이 고꾸라졌다.
'나는 아직 혼자 있으면 안 되는데…….'
가지 말라고 애원하고 붙잡았지만
계속 가야 했고, 떨어졌다.
모두를 떠나보낸 나는 짐승처럼 땅바닥을
기면서 부서진 숨을 꺽꺽 토해 냈다.

며칠 전부터 몸이 계속 아팠다.
잠에서 일어날 때마다
온몸이 두들겨 맞은 것 같았고,

깨질 것 같은 두통이 계속되었다.
온 세상이 울렁울렁 빙글빙글 돌아
누군가 내 머리를 조각조각 뜯어 분해하고 있는 것 같았다.
좀 나아질까 싶어 손을 땄더니
손끝 작은 구멍에서 피가 솟구쳤다.

그러고 보니
엄마가 죽은 지 딱 일 년이 되는 날이었다.

내 몸은 아직도 죽음의 곁에 있어,
죽음을 떠나지 않았다.

애도는
죽음을 슬퍼하며 떠나보내는 시간,
삶으로의 회복을 기다리는 시간이 아니었다.

애도는 죽음과 같이 사는 시간이다.
죽음과 삶을 동시에 느끼며

(죽음이 있기에 삶이 있고, 삶이 있기에 비로소
죽음이 있다는 것)
그 모순 속에서
우리는 어떤 것과도 결코 분리될 수 없다는
사실을 배운다.
애도는 잠시 머무는 어둠이 아니라,
이제 믿고 살아가야 할 새로운 진실이다.

나는 계속해서 파헤치고, 조각내고, 부딪치며
죽음으로, 현실로, 삶으로,
그리고 사랑으로 걸어가고 있다.

2023. 05. 23.
속이 좋지 않아 방문한 내과에서 당뇨 진단을 받았다.

2023. 07. 10.
당뇨 수치가 계속해서 좋지 않아 찍어 본 초음파에 이상 소견이 있었다.

2023. 07. 11.
아산병원에서 초음파 자료를 보고 췌장암이 의심된다고 했다.
이후 병원 검사, 진료를 거부해 집에서 자가 치료(쑥뜸)를 시작하였다.

2023. 08. 11.
온몸이 점점 노랗게 변하고, 복수가 차서
응급실에 갔다.

2023. 09. 04.
분당 차병원에 긴급 입원.
소화기 내과 교수가 엄마의 명치 아래로 복부
전부가 다 암 덩어리인 상태이고,
여명은 삼 주, 길면 한 달이 될 거라고 했다.

2023. 09. 14.
일주일에 한 번씩 응급실에 가서 복수를 뺀다.
엄마의 배는 임산부처럼 부풀었고, 온몸이
누렇다.
마약성 진통제를 복용하기 시작했다.

2023. 09. 15.
오후 1시 반 변호사를 불러 유언장을
작성하였다.

2023. 09. 21.
상태가 심각해져서 입원할 수 있는 병원을

알아보았지만 갈 수 있는 곳이 없다.
　엄마는 밥을 소화하지 못해 묽은 미음을 마시고, 낮잠을 길게 잔다.

　2023. 09. 22.
　엄마는 가끔 눈을 떠서 암 환자용 유동식을 마시고 다시 잠을 잔다.
　사흘쯤 되었을까 잠만 자는 시간이 점점 늘어나서 불안하다.

　일산 차병원에 엄마가 입원할 수 있는 자리가 있다고 연락이 와서 바로 입원하기로 했다.
　내가 보호자로 병원에 상주한다.

　2023. 09. 25.
　병원에 오니 조금 활기를 얻은 느낌이다.
　간성 혼수로 인해 화를 더 많이 내긴 하지만…….
　눈을 뜨고 있는 시간은 나에게 화를 내는 시간이다.

2023. 09. 28. 추석.
담당 교수가 이번 명절에 중요한 사람은 다 만나라고 해서 친척들을 불렀다.
권사님, 정 집사님 가족, 춘자 이모, 이모와 승희 언니, 형부, 용우가 왔다.

2023. 10. 03.
엄마는 가끔 눈을 떠 간호사와 농담을 하기도 하지만
창문을 보고도 밤인지 낮인지 모르는 등 지남력이 현저히 떨어진 모습을 보인다.

2023. 10. 05.
다시 엄마는 잠자는 시간이 늘었다.
다리의 붓기가 심해진다.
산소 포화도가 떨어져 산소 호흡기를 끼우고, 산소 농도를 늘렸다.

2023. 10. 13.
이제 엄마는 하루 종일 말없이 잠만 잔다.
엄마 영정 사진을 뽑았다.

오랜만에 권사님이 간병 교대를 해주셔서 집에 가서 따뜻하게 샤워를 하고 잤다.

2023. 10. 14.
새벽에 엄마의 맥박이 급격하게 떨어지고 있다는 연락을 받고 병원으로 달려갔다.
나, 권사님, 정 집사님, 춘자 이모, 오빠, 다 같이 예배를 드리고 마지막 인사를 나눴다.

12:49 엄마가 돌아가셨다.
2023년 엄마의 생일이었다(음력 8월 13일).

열 평의
마그마

문유림

1
무수한 집

유림의
집

327　　동네를 산책하다 우연히 어느 카페 마감 시간 장면이 눈에 들어왔다. 검은 유니폼을 입은 남자가 간판을 안으로 들여다 놓고 있었다. 그의 주변엔 손님도 직원도 아닌 것 같은 한 여자가 남자를 기다리고 있었다. 여자는 카운터에 기대서서 남자에게 얘기를 건넸다. 남자는 대답했다.

　　이 장면이 눈에 띈 건 사랑의 길만을 걷기로 했던 2018년 그리고 그 사랑이 떠나가 버린 2022년, 약 사 년 동안 나의 모습과 비슷했기 때문이다. 정확히는 2006년부터 2022년까지 십육 년간의 사랑의 역사, 일본인인 이 사람을 만나러 니가타로 오사카로 집을 옮겨 갔던 이야기.

나는 그를 만날 수 있는 유일한 시간을 놓치지 않으려고 밤 11시에 호텔을 나섰다. 그 사람이 일하는 다이야키 점포 마감 시간에 맞추기 위해서였다. 인적이 드문 상점가의 밤, 빠른 손으로 깃대를 넣고 쓰레기를 치우고 영수증을 정산하는 그의 모습. 나는 카운터에 팔을 괴고 그 일과를 물끄러미 바라보곤 했다. 밥은 먹었는지 오늘 뭘 했는지 그에게서 간단한 질문이 오면 기쁜 마음으로 재잘재잘 답했다. 나도 그에게 오늘 이상한 손님은 없었는지 몸은 괜찮은지 물었다.

  철문을 내리고 열쇠로 잠그고 나면 긴 통로로 된 길을 함께 걷기 시작한다. 막차를 놓치지 않으려 잰걸음으로 역으로 향한다. 사실 막차를 놓치든 말든 나는 상관이 없었다. 하지만 그는 그럴 수 없었다. 집에는 노모와 아기가 기다리고 있었다. 그의 전처 쪽에 간 아이는 당시 여덟 살. 한쪽 다리뼈에 장애가 있어 어린 나이임에도 불구하고 이미 여러 번의 대수술을 거쳐 왔다. 앞으로도 고등학생 즈음 해야만 하는 큰 수술이 남았다.
  그가 키우는 아이는 세 살 여자아이. 아직 양육자의 손길이 많이 필요한 나이였다. 그리고 생후 사 개월에 사고로 세상을 떠난 아이 하나.
이렇게 그의 가슴속에는 세 자녀로 꽉 차 있었다.
우리가 보지 못한 세월 동안 그는 생각보다 모진
세월을 겪어 왔고 그런 그가 가여웠다. 그럼에도
그는 여전히 따뜻한 노랫말이나 영화에 눈물
흘릴 수 있는 순수함을 잃지 않고 있었다. 눈에는
세상에 대한 애정과 아이디어들로 반짝거렸다.
달라진 것은 어딘가 단호하고 강해졌다는 인상뿐.

"언니가 뉴질랜드 어학 연수 할 때 그를 본 적
있는데, 꿈에 대한 말하기 발표 시간이었어. 그때
그 사람이 말하기를, 자기는 한국인 여자를 아주
사랑하는데 그 여자와 결혼하는 게 꿈이라고 말했어.
그래서 반 전체가 웃었지. 근데 그 사람의 얼굴은
빨개졌지만 눈은 사뭇 진지해서 기억에 남아 있어.
너에게 언젠가 얘기해 줘야지 싶었는데, 그가 꿈을
이루었나 보구나!"

SNS 프로필 사진 속 우리 모습을 본 선배는
이렇게 메시지를 보냈다. 이십 대 초반 즘,
나는 행복하면 금세 두려워졌다. 따뜻함이나
한결같음이 익숙지 않고 거부 반응이 일었다. 겪어

보지 못한 것에 대한 어색함이었는지……. 그런 이유로 사랑만 주던 그를 겉도는 이유로 재단하고 떠났다. 그때가 2006년. 그렇게 유일할지도 모를 사랑을 놓쳤다.

훗날 나는 알레르기 쇼크로 생명을 잃을 뻔한 적이 있다. 몇몇의 남자들에게나 유럽 곳곳으로 나를 옮겨 다니다가 쇠약해져서 생긴 병이었다. 유학 중 한국에 잠깐 와 있을 때였다. 아는 선배와 밥을 먹고 청계천을 걷는데 갑자기 온몸이 벌에 쏘인 듯 붓는 것 같다가 눈도 안 보이고 숨도 안 쉬어졌다. 병원에 가는 동안 택시 아저씨도 속도를 내시는 게 느껴졌다. 기도했다. 죽지 않게 해 달라고. 당시 혈압이 40까지 떨어지고 숨을 쉴 수 없던 기억이 난다. 몸 안에서 무언가 빠져나가더니 내 주위를 둘러싼 의사들과 간호사들의 생의 에너지가 번뜩거리는 것이 느껴졌다.

점점 꽂을 데가 줄어 가는 핏줄 때문에 어딘가 이상한 곳에 주삿바늘을 꽂고 에피네프린이라고 CPR 전에 최종적으로 투여하는 주사를 맞았다(고 한다). 다행히 효과가 있어 숨이 돌아오고 곧바로 중환자실로 옮겨졌다. 뼈가

앙상한 노인분들로부터 집중되는 눈길을 받으며,
혼자서는 아무것도 할 수 없는 며칠을 지냈다.
그러다 일반 병실로 옮기고, 일반 병실에서 한동안
보내다 집으로 돌아왔다. 그 후 장장 육 개월간
누워 있는 것밖에 할 수 없었다.

아, 누워 있기만 한 건 아니었구나. 쇼크
당시의 트라우마로 공황이 생겼고, 숨을 못 쉬는
증상에 소리 지르며 깨던 긴 밤들도 이어졌다.
엄마가 "네가 내 앞에 걸어 다니기만 하면 소원이
없겠다"라고 하시던 얼굴이 아릿하게 떠오른다.

나도 그랬다. 다시 내가 무언가를 할 수
있을까, 친구들은 열심히 회사를 다니고 결혼을
하고 당당히 뿌리를 내리고 살아가는데, 유학도
중단하고 이렇게 기약 없이 누워 있는 내가. 점점
마음이 고립되어 갔다. 유일하게 할 수 있었던
행위는 방 안에서 빛바랜 편지 박스를 뒤지는
일뿐이었다. 그렇게 해서라도 생의 온기를
머금고 회복하고 싶었다. 몸이 깨어지면서 필요
없는 두려움도 깨어진 것일까. 그땐 왜 몰랐을까
하며 오래전 친구들의 마음이 받아들여졌다.
마지막으로 가니 남는 건 자아 실현의 의지도
두려움도 아닌 오직 사랑뿐이었다. 그 사랑은 내게

오히려 '일어나면 하고 싶은 거 다 해. 지금 해.
사랑을 해'라고 강하게 명령하고 있었다. 그렇구나,
나는 이 삶과 세계를 사랑하고 있었구나. 그래서
좋은 세상이 되었으면 했으니 밉고 싫었던 거구나.

 그러던 중 어느 날 십 년 전 뉴질랜드에서 받은
그의 편지를 보게 되었다.
 거기에는 "당신을 사랑하는 이유는 당신이
세상에 하나뿐인 유림이이기 때문일 거야. 당신이
할머니가 돼도 사랑할 거야"라고 쓰여 있었다.
 그동안 내가 나를 사랑하기 위해 이것저것
껍질을 달아 주려 몸부림쳤던 일생의 고독이 이
말 앞에 씻은 듯 사라졌다. 내가 단 하나인 나라서
사랑한다니. 그땐 왜 이 큰 마음이 보이지 않았던
걸까. 십 년을 건너서도 그의 글귀에 묻은 빛이
나를 일으켰다. 그를 찾고 싶었다.

 약 일 년간의 회복 기간을 거치면서도 그를 향한
그리움과 추적은 계속되었다.
 이 년간 그를 찾아 헤맸다. SNS도 하지 않는
이 사람을 찾고 찾다가 어느 날 다시 그의 편지를
읽었다. 둘의 추억들이 나열된 문장 속에서 당시

그가 아르바이트를 했던 뉴질랜드 식당 이름이
적혀 있었다. 구글 지도에서 식당의 존재를
확인하고 무턱대고 메일을 보냈다. 십이 년 전
일했던 이 사람을 안다면 연락하고 싶으니 전해
달라고 간곡히 썼다.

한 달 뒤 병원에서 수술대에 올라야 하는 큰
검사가 있는 날이었다. 병원 옷으로 환복을 하고
있는데 휴대폰이 울렸다. 뉴질랜드 식당이었다.

"그 사람이 당신과 연락하고 싶어 합니다."

온갖 두려움이 환희로 바뀌더니 병원의
사무적인 형광등 빛이 화사한 톤으로 밝아졌다.
 그렇게 그를 다시 찾았다. 그는 그날부터 하루도
빠짐없이 나의 안부를 묻기 시작했다.
 그도 그럴 것이 십이 년이 지나 만난 옛
연인이 병원에서 메시지를 보내니 적잖이 놀란
모양이었다.

나는 그가 '집'임을 직감했다. 그의 상황이
얼마나 무거운지 알면서도, 그것을 내가 나누어 질

수 있는 사람일지 알지 못하면서도. 사고로 하늘에
보낸 딸아이로 인해 지금 자기가 키우는 딸에 대해
느끼는 무게감이 얼마큼일지 감히 상상할 수도
없는 일이었다. 처음에는 어안이 벙벙할 정도로
이 인생의 아픔과 그 크기를 가늠할 수가 없었고,
서로 아픔을 보듬어 가며 연락을 이어 간 것 같다.
그러면서 새롭게 깊어지는 정을 쌓아 가며 결국
그도 나도 서로가 필요하다는 쌍방의 확인을 위안
삼아 버텼다. 그 의지는 나의 병을 서서히 낫게
했다. 그리고 내 힘으로 일상생활을 다시 할 수
있게 되었을 때 처음 한 일은 그를 보러 일본으로
향한 것이었다.

  니가타를 떠올린다. 니가타는 가와바타
야스나리의 소설 『설국』의 배경이 된 마을이다.
  "국경의 긴 터널을 빠져나오자, 설국이다"라는
강렬한 첫 문장의 공간이 그의 고향이라니.
인천에서 비행기가 떠나고 바다를 건너 니가타
상공에 도달하면 그때부터 느껴졌다. 땅을 뒤덮은
온화하고 아비 같은 마음이. 만남이 가까워질수록
이상한 그리움이 시작되었다. 폐부를 찌르는
아련함으로 팔다리가 미어졌다. 그런데도 나는

그런 걸 좇고 있었다.

그가 사는 산조는 니가타 공항에서 시내로 간 다음, 지방으로 내려가는 기차를 타야 갈 수 있었다. 히가시산조역에 내리면, 상공에서 전해지던 그 느낌이 배가되어 진동하는 것 같았다. 무작정 발 닿는 대로 동네를 걸었다. 아마도 그가 묻어 있을 동네 골목의 들꽃을 하염없이 바라보며 꽃이지만 꽃을 넘어선 무언가를 꿀꺽꿀꺽 삼키기도 했다.

동네에는 야마하 피아노 상점이 하나 있었다. 거기에 들어가서 잠깐 가게 주인의 동향을 살피고, 소리가 괜찮은 피아노를 하나 골랐다. 그리고 마구 쳤다. 그게 산조에 오기 시작하면서 하게 된 루틴이었다.

한번은 휴대폰으로 녹음을 한 적이 있다. 들어 보니 멜로디가 계속 반복해서 단 하나만을 말하고 있었다.

I don't want to live nowhere, but here.

'어디에도 살고 싶지 않다'라는 부정어가 들렸다. 그리고 '여기가 아니면'이라는 조건어가 이어 들렸다. 그렇게 언어화되는 순간, 태어나 처음으로 내가 있고자 하는 존재의 위치가 폭발하듯 나타났다. 세계 각지를 돌아다닐 때마다 하나씩 흩뿌려지거나 산재되었던 빛들이 한 사람에게 집약되어 있다니 놀라웠다. 그러니 거기에 안 살 이유가 없었다.

그가 얼마 안 지나 오사카로 재취업하자 자연히 내 집은 오사카가 되었다.

사랑이 깊을수록 그의 상황이 주는 제약은 고통이었지만 그 아픔의 출처는 사랑이었기에 그것 때문에 이 사람을 놓을 일은 없었다. 무모하고 어리석어도 나의 유일한 길이라는 믿음을 떨칠 수가 없었다. 노모가 아이를 봐주시는 날은 우리의 소중하고도 애잔한 데이트 날이었다. 내 생일에는 그도 시간이 나서 교토에 간 적이 있다. 왠지 이별을 느끼는 사람처럼 함께 있어도 애틋한 시간이었다.

몇 년을 그런 생활을 하다 보니, 혹여 우리가

영영 함께할 수 없다면 이 사람의 아이를
가져야겠다고 생각하게 됐다. 그렇게 이 존재를
내게서 이어 가고 싶었다. 우리가 함께하지 못하게
되는 날이라도 온다면, 그에게 더 이상 줄 수
없는 사랑을 우리의 아이에게 다 주고 싶었다.
아이가 아버지를 온전히 소유하고 경험할 수 없을
것이었다. 그렇다고 하더라도 아이가 그와 같은
아버지에게서 나온 사람임을 자부하고 살 수
있도록 얘기할 수 있었다.

   인생에서 단 한 명의 아이를 낳아야 한다면
이 사람의 아이여야만 했다. 이런 모습은
현실주의자들에게 무척이나 대책 없고 이기적으로
보일지도 모른다. 근데 그게 무에 대수겠는가.
내 나름 죽음이 아니라 생의 쪽으로 기어가기로
선택을 한 것이었다. 걷고 뛰는 게 아니라 낮게
포복해 기어가기로.
   그는 이런 선택에 대해 우려했지만 결국 나의
강한 의지를 존중해 주었고 우리는 그렇게 아이를
가졌다.

이제는 그가 없는 지금. 억겁을 지나온 듯한
지금, 글로 남겨야 한다고 생각한다. 아름다웠던
그의 말과 웃음, 나를 일으키고 무너뜨린 사랑의
행로들을. 우리의 딸과 현재 나의 삶에 대해.

 유일하던 집을 찾았고 다시 잃었다. 나는
여전히 그에게 속하고 싶다. 그 사람 같은 사람은
그 사람만 있기 때문이다. 하지만 함께여야만
이룩되던 집은 이제 없다. 그 안으로 들어갈
키라고 한다면 그건 사랑했고 사랑받은 기억들.
기억이 사라지지 않는 한, 문을 열고 들어가 집을
떠올릴 수 있다. 그만큼 집이 절실했고 절실하며
앞으로도 그럴 것이다.

 속하고 싶다. 사랑의 집에. 안정의 집에.
따뜻하고 순수한 집을 짓고 싶다.
우리 둘의 딸과 여기서 그럴 수 있을까?

 이런 때에 글을 쓸 기회를 만났다. 그리고 카페
마감 시간의 남녀를 보고 오사카 밤의 나와 그를,
그때의 마음을 떠올려 버린 날이다.

자기소개는 이 정도면 충분한 것 같다. 나의 정체성을 '사랑만을 좇는 자'로 두니 다른 설명은 별로 필요 없는 것 같다. 나는 여전히 그의 것이며, 산조의 것이며, 니가타 설산의 것이며, 가와바타 야스나리가 지난 터널의 것이다.

그것이 좋게 느껴진다.

유림의
선(線)

　어젯밤 일본에서부터 사용하던 휴대폰의 전원을 켰다. 판도라의 상자를 열듯이. 그리고 2019년 여름부터 2022년 초까지의 사진첩을 봤다. 절반은 임신 중에 일본 생활하며 찍은 것과 출산의 기록이며, 나머지 절반은 한국에 귀국한 후 그와 영상 통화 하며 남긴 캡처 이미지나 딸의 사진들이다. 살면서 가장 안온하고 밝은 시절부터 혼란과 불안까지 다 겪은 물건이다. 그걸 아직 건드릴 용기는 없었는데.

　이별 직전부터 이별로부터 먼 날까지 스크롤을 내릴수록 뜨거운 눈물이 올라왔다. 아빠와 엄마 사이에 있는 아기, 이제는 아기에게 주지 못할 이런 사진에도 눈길이 머물렀고, 순한 눈으로

벚꽃이나 아기를 바라보던 그에게도 그랬다. 그중에서도 제일 마음이 저릿한 건 의외로 내 셀피였다. 지금은 찍지 않는 사진. 스크롤을 내리며 이별의 순간에서부터 그때로부터 멀어질수록 빛을 더해 가는 내 얼굴들을 보았다.

임신 중에 이렇게 생기가 넘쳤던가? 만삭 때가 지금보다 훨씬 날씬했네. 그래, 머리가 이렇게 길었지. 그와 딸과 함께 만든 집에 머무는 유림의 눈은 행복하다고 말하고 있었다. 나는 그런 과거의 얼굴들에게 '네가 겪는 순간은 봄날처럼 찰나일 거야, 그리고 가질 수 없는 걸 영원히 품고 살아야 한단다' 속으로 말해 주었다. 멋모르며 기뻐하는 사진 속의 유림들에게 애끓는 연민이 들었다.

그리고 이 글을 쓰는 지금은 왠지 이 길로 오기 위해 숱한 이동을 감수한 나에게 고마운 맘이 든다. 모질고 어리석은 결정을 다 견뎌 준 어미 같은 나. 사실 무모한 것도 나였지만 그런 나를 견디고 보살핀 것도 나였다.

이제 아이슬란드의 산이 보인다.

유학 시절, 데생 시간에 선을 그려 보라고 선생님이 말했다. "네 마음과 연필심 끝이 연결되는 것을 끊지 않는 연습을 하는 거다." 선생님은 잘된 선을 긋는 게 목표가 아니라고 했다.

그러니 다들 선이 달랐다. 약하고 흔들리는 선을 가진 남학생의 선이 기억에 남는다.

내 선을 향해 집중하는데, 처음에는 이상하고 못생겨 보이는 선이 나왔다. 그런데 선생님이 뒤에서 브라보, 흥미롭다고 박수 쳤다. 해방감과 안도감이 찾아왔다.

그때 안 사실이 있다. 누군가 깎아내리던 내 모습은 결국 그 사람의 기준이 담을 수 없는 고유한 내 것이었다는 걸. 이 인지의 순간이 어미 유림이 해방된 순간이 아닐까 생각한다.

그런 깨달음을 얻은 후로부터 이 년이 지난 2017년 2월, 나는 나를 가장 멀리로 데려가게 된다. 아이슬란드였다.

지역적으로는 멀었으나, 심정적으로는 고향 같던 곳.

처음 보는 집, 처음 보는 폭포와 산인데 나는
이상하리만치 익숙하다는 기시감이 들었다.
멋지다라든지 예쁘다라든지 같은 자극은
일절 없었고 모든 감각이 0으로 돌아간 것
같았다. 밤에는 오로라 아래에서 말들이 여물을
되새김질하는 소리가 들렸다.

한번은 설산에 올랐다. 산으로 올라갈수록
마을의 소리는 엷어지고, 산봉우리에서는
눈보라가 일었다. 발자국으로 팬 눈은 하얗다 못해
푸르렀다. 나중에 알고 보니 빛이 통과하지 못하기
때문이라고 한다.
 '멀리로 오니 내가 불편해하던 붉은 기가
없구나, 그래서 내가 여기까지 온 거구나'
생각했다. 어린 시절, 엄마의 검붉은 사랑은 종종
뜨스운 보호와 의심이 뒤섞인 불안을 전가하는
것이기도 했고, 여러 관계에서 겪는 말이나 눈빛이
빨갛게 달구어진 냄비 같을 때도 있었다. 거기에
속수무책으로 데곤 했다. 그러니 설국의 그를
찾아갔는지도 모른다.

아이슬란드에서는 노을 지는 하늘도 분홍이나

연보라였다. 그런 풍경이 좋을 때면 나는 그런
연한색의 사람인가 보다 짐작하곤 했다.

산의 중반쯤을 올랐을까, 무심코 뒤를 돌아봤다.
눈으로 덮인 하얗고 거대한 산들이 지평선까지
펼쳐졌다.

우우우웅.
바람 소리가 일고 있었다.

어어어엉!!!
순간 긴 울음이 터져 나왔다.

몸 안에 존재하던 눈물이라기보다는 여러 일로
인해 깨어져 나간 조각들 같았다.
왜 우는지도 모르는 채 산들을 보며 울었다.
크게 흐느껴 봤자 소리는 설산 사이로 흩어질
뿐이었다. 내 뿌리를 단번에 휘젓고 있는 이
충격파는 무엇인가.
이윽고 수만 년을 살아온 산, 그에 비해 너무나
먼지 같은 내가 보였다.
동시에 이런 내게도 부여된 생명이라는 보물도.

이토록 귀한 것이 내 없어질 거죽 속에 있다니.
생명의 영구성과 육체의 유한함이 뒤섞인 나를
봤다. 어쩐지 아이슬란드 상공에서 '여기서 죽어도
되겠다'고 생각하더라니.

    그건 본향과 가장 가까운 곳이기 때문이었구나.
혹은 유림의 몸과 영혼을 구성한 모든 것과 가장
가까운 곳.

    줄곧 내가 그녀와 같이 살고 있던 것이다.

    고통스러운 나와 함께 버티던 의지의 존재가
바로 이 어미 유림이었다면 나는 어디서도 '집
안'일 수 있지 않을까. 차갑고 깨끗한 산이니
불편한 열기쯤이야 금방 식혀 줄 것이다.

    현재 당면한 이별의 기나긴 과정도 산처럼 안아
주거나 울어 주거나 견뎌 줄 수 있을 것이다.

    자궁은 그녀.
그러니 나는 나와 머무르겠다.
그래서 어디서든 집이겠다.

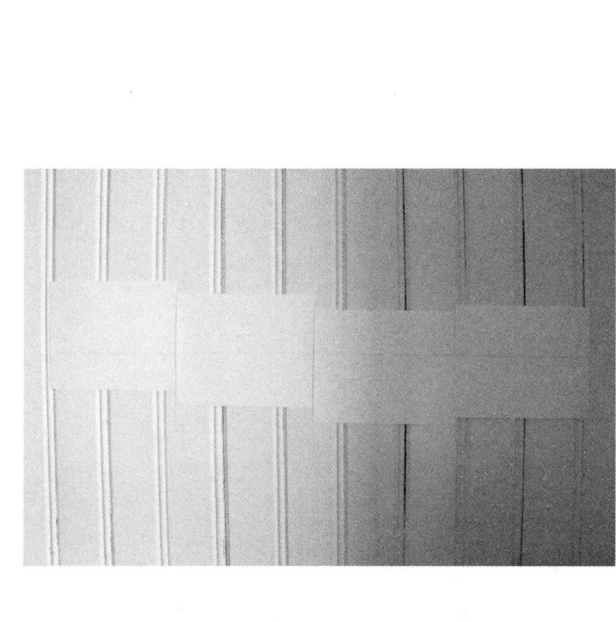

2
있고 싶은 곳에 있어야 사는 병

눕는
엄마

351 한국에서 아이를 혼자 키운지 사 년이 되어 간다. 요즘 아기와 집에 둘이 있을 때 팔십 퍼센트 정도는 누워서 지낸다. 누워서도 돌덩이가 된 것같이 꼼짝도 할 수가 없는데, 이런 증상 때문에 내가 큰 병이 든 건 아닐까 종합 검진도 알아봤다.

내가 누우면 엄마의 반응이 주식인 아기는 이내 품속으로 달려들고, 그럼 나는 십 분도 지나지 않아 왜인지 소리 지르기 직전이 된다. 그 소리가 밖으로 나오기 전에 재빨리 리모컨을 든다. 그 순간 네모난 스크린이 빛을 발하고, 아기는 모든 행동을 멈춘다.

죄책감과 세트로 남 탓이 부풀어 오른다. 커 오면서 엄마가 나를 내 모습 그대로 인정하고 감정을 알아주셨다면 지금이 버틸 만했을까.
공부 잘하는 나, 무슨 대학교 들어가는 나
말고, 노래를 좋아하는 나, 그림을 그리고 싶은
내가 응원받았다면 어땠을까. 실망한 모두와
지금이라도 화해한다면 어떨까. 괜찮을 것 같은
모든 조건을 달아 달아 상상으로 괜찮아져 본다.

 저기 평범이라는 수면이 아스라이 보인다.
 내가 생각하는 평범은 있고 싶은 곳에 있는
것이다. 일본의 섬유 유연제 향기와 간장 맛이
나는 단 음식 속에 다시 몸을 절이고 싶다.

 오늘도 아이와 둘이 집에 있고 나는 누워서
정지해 있다. 오도 가도 못하고 누군가와
함께하고자 하는 욕망이 불같이 화를 낸다.
옴짝달싹도 못 하는 몸으로 앓는다.

 딸은 티브이를 본다. 요즘은 유튜브에서 '우주의
지옥 행성 여섯'을 찾아 본다. 그 전에는 '우주에서
녹음된 천체들의 실제 소리' 시리즈를 반복해서
보았다.

내가 나에게인지 신에게인지 절규한다.
'나한테 집 좀 줘요.
거기에 십 분만 머물러도 살 힘을 얻을 거예요.
살려 주세요.'

덕분에
제가 신을 믿어요

"혹시 그가 자신의 실수를 깨닫고 용서를 구하며 생각을 돌려 달라고 간청하면 다시 받아 주실 건가요?"

애나가 대답한다.

"네, 그럴 거예요."

그와 살려고 아등바등 일본과 한국을 오가며 노력하던 시기에 갑자기 영화 「노팅힐」을 다시 보았다. "She~" 하는 배경 음악이 흘러나올 무렵 엉엉 울고 있다. 다시 혼자가 된 지금을 예견했던 걸까. 영화 속이지만 저들은 어쨌거나 용서의 타이밍을 잘 잡았고 상대도 그것을 받아 주는 용기를 내어 영원한 커플로 남게 되니 말이다.

한편 '군중 속에서' 최대 약점을 드러내는 이 극적인 연출이 무언가 나를 건드리는 지점이 있어 보였다. 난생처음 보는 사람들 앞에서 마치 미친 사람처럼 벌거벗어 보이더라도, 모두가 나를 욕하더라도 당신만은 나를 받아 주길 바랐나.

엄마, 이런 게 제게는 기적 같은 일이에요.
덕분에 제가 신을 믿어요.

거기로
돌아갈 수 있나

넓은 곳으로 가고 싶다.

우울해도 될, 두려워해도 될, 욕망해도 될, 경계해도 될, 외로워해도 될, 아이슬란드는 내게 무엇도 없던 곳, 그래서 모든 것의 곳.

땅도 척박한 데다 언제 화산이 폭발할지 몰라서인지 사람도 집도 찰나를 살다 가는 연한 에너지를 내뿜고 있었고 검은 산의 실루엣 위로 별이 떠 있는 어둠은 태초의 하늘 같았다. 공기는 관념마저 세찬 바람에 흩어져서 오랜 시간의 전이나 후까지 내다볼 수 있을 것같이 선명했다.

지금까지도 아이슬란드에서 만난 친구들의 SNS를 등대 삼아 보곤 한다.

육 년 전 몇 주만 머물렀던 곳인데도 올해 하게 된 전시는 다 아이슬란드에서 온 것으로 되어 있다.

나는 그때 뭔가 만난 것이다. 남은 인생을 좌지우지할지도 모르는 방향과 내면에서 영영 펄떡거릴 현재를. 아이슬란드에 있을 때 가장 나와 가까운 곳에 있다고 감지했고, '여기 와서 살기 위해 살아야겠다'고 다짐했다.

어느 날이었다. 딸이 아직 옹알이를 하던 시기, 작은 집 목욕탕에서 아이를 씻기던 중이었다. 문득 아기가 아이슬란드에서 본 별 중에 하나였다는 느낌이 들었다. 그리고 말했다.
"아가, 너는 아이슬란드 별이었구나. 그때 엄마를 보고 찾아왔구나?"
그런 나를 올려다보며 작은 얼굴이 처음 보는 성스러운 얼굴로 웃어 보였다. 그 미소는 나만의 신화가 되었다.

나는 다시 거기로 돌아갈 수 있을까.

오래된
이별

김포 공항 사층 전망대에서 새로운 이별을 하며
쓴다. 오래된 이별임을 안다.

공항 복도에 일본 사람이 왔다 갔나? 일본 섬유
유연제 냄새가 난다.

김포 공항에 오니 그가 잠깐 어렵게 짬을 내어
왔다 간 겨울이 생각난다. 국제선에서 그 사람을
보낼 때 왜 그렇게 창자가 찢어지는 고통을
느꼈는지. 내가 그의 무엇을 붙잡고 내 안에
들여놓고 있었는지 알 수 없다.

떠나기 싫은 집이었던 일본에서 호텔로,
호텔에서 간사이 공항으로, 간사이 공항에서
인천 공항에 도착했을 때, 좀 더 투박한 선과
디자인, 마늘 냄새 같은 것들이 텅 빈 내 귀와

머리와 몸으로 욱여넣어지는 것 같았다. 아이는 변비였다가 비행기가 착륙하는 진동 때문인지 며칠 치 변을 보았다. 우리나라 스튜어디스 언니가 친절하고 따뜻하게, 변을 처리하는 나를 도와주었다. 비참했다. 그렇게 다 잃은 사람의 눈을 하고 터덜터덜 자궁에서 밀려 나가는 아기처럼 공항 터미널을 걸어 수속하는 곳으로 향했다. 잊히지 않는 일이 있는데, 그런 우리를 보고 너무나 오랜만에 타인이 말을 걸었다. "아이고, 천사가 왔네?" 공항 직원분이었다. 맞아, 한국은 말을 걸지? 천사를 천사로 봐 줘서 고마워요. 맞아요, 우리 아기는 천사예요. 천사를 데리고 지옥에 사는 엄마가 왔어요.

관계의 멍을 돌아볼 용기도 없이 아이와 먹고살기 위한 현실 정착기가 시작되었다. 일을 하기 시작했고 일 년 정도 지나 새 연애를 하게 되었다. 그리고 정말 잘해 보려 했는데 백 일여 만에 다시 끝이 났다.

믿음을 거두는 건 왜 이렇게 싫은 걸까.

더 이상 믿고 의지해서는 안 된다는 징조가 발견되는데도 상대에게 한번 향한 믿음을

그러모아 다시 내게로 데려오는 것이 왜 이리
유난스럽게 견디기 힘든지 모르겠다. 스스로가
원망스러울 지경이다. 집에서 탈락되는 일이
자꾸만 어렵다. 타인이라는 깊은 길로 자청하여
걸어 들어간 내 얼굴은 다시 기근에 시달린 이처럼
근육에 힘도 없고 말라 있다. 내가 그에게 양도한
믿음의 얼굴은 또 누군가에게 속하면 밝아지고
영양 상태도 살아날 수 있을까. 아니면 내가
스스로 먹여야 할 일인가.

오래된 이별을 한다.
끈질기게 찾아오는.

지금 당도한 곳, 검붉은 수렁

361 구석은 편하지 않다.
구석, 사이, 중간의 공간, 좁아터질 듯한.

있고 싶은 곳에 지금 없다.
프랑스에 잔류한 애들이 부럽다. 찾던 게 거기 있다는 걸 알아 버린 이들에게 박탈감이 생긴다. 엄마는 왜 그때 다 투자했던가. '너에게 줄 돈이 얼마 있으니 이걸로 계산해' 하고 청사진을 그릴 수 있게 해 주었다면 얼마나 좋았을까.
철없는 핑계다. 계속 돈이 필요하다. 자유롭고 싶다.

현재 당도한 공간은 열망하는 '당신'이 없는 열 평의 방. 수렁이다. 세상의 중앙 같다가도

구석 같다가도 아예 뜨고 설 지면이 아닌 느낌이
괴로움을 발생시킨다.

  나의 힘은 사랑을 좇아가는 것임을 알았는데
이제 뼈를 한 대 잘라 버린 것 같다. 사랑하는 나의
개새끼. 아직 당신뿐이기도 하고 당신이면 안 되는
이유가 혹독하기도 한, 미련의 유림.
  내 인생이 이런 거지 싶어. 집에서 또 쫓겨난
거야. 나는 고아야. 무수한 집은 씨발 없어. 여기가
지옥인가 보다. 아님 그의 집 앞에서 그가 나올
때까지 기다려. 소리 지르고 그래. 근데 참 위험한
일 아닌가. 성공할지 실패할지 모르고, 모두에게
씻을 수 없는 상처를 줄지 모르는데. 그러나
지금으로서는…… 날카로운 칼을 만들어야 해.
폐부를 찔러야 해. 절체절명의 타이밍을 주소서.
주님 날 도우소서.

  아이의 물티슈와 먹을 것과 살림살이를
구비해야 한다. 그걸로도 모자라다. 남의 밑에서
서너 개의 일을 하며 몸도 마음도 내 시간도 다
축내고 '잘못 가고 있다'는 이 느낌에 거세게
사로잡혀 있다. 돈이 들어올 때까지 나를 버려야

하나 봐. 누구도 나를 도와줄 수 없으니까. 돈이 없다는 건 선택지가 줄어드는 것이로구나. 아이를 보내고 싶은 교육 기관에 보내지 못하는 것이고, 국가를 이동하고 싶을 때 갈 수 없는 것이고, 건강 검진에서도 이거저거 다 검사해 주는 프리미엄이란 게 있다는데 겨우겨우 베이식도 할 수 있을까 말까 하는 거고, 그럼 병을 정확하게 찾을 확률이 떨어진다는 이야기이고. 돈은 피였구나. 돈 버는 일에는 왜 이렇게 무지했을까. 엄마는 왜 나를 '당연히' 대학 보내 놓으면 '회사 갈 애'로 생각했을까. '아니에요'라고 했을 때 왜 울며 겨자 먹기로 나를 보다가 눈을 피한 것이었을까.

사이의 공간, 중간의 공간, 구석. 다 비틀어진 허무의 곳이지. 엄마와 자궁이 눈앞에서 걸어 다니는데 아주 없어서, 내가 그 안에 좀 들어가 살고 싶었는데 거기서 나를 눌러 버려서 튀어나온 공간들이지.

아이를 그런 데 살게 하고 싶어? 아니. '진공' 상태에서 혼자 울 일을 왜. 그러나 그 자유는 알게 하고 싶어. 나는 나만 아는 것임을. A다 B다 답들 같은 것에서 사실 답이 없고 모든 건 무너지기를 반복하면서 생을 창출하는 것임을.
  그러면서도 그녀의 집이 견고하게 있기를. 따스한 집이…… 사랑이.

  딸아. 지금은 널 데리고 네 아비 앞에서 하루를 꼬박 기다리고 싶구나. 아기 띠를 하고 널 안아 편안하게 하고 널 보이고 싶다. 너는 엄마의 터질 듯한 심장 소리를 듣겠지. 그것을 통해 나의 두려움과 불안과 속 시원함과 일그러짐과 사랑 그 모든 것을 마주할 거야.
  그리고 그에게 책임을 다하라고 화내고 싶고 모든 것을 동원하여 싸우고 싶다. 끝까지 해야 이 엄마가 살겠다.

  나에게 힘을 주소서. 그 죽음과도 같은 일을 할. 죽음도 두렵지 않게 하소서. 나는 나로 살다가 죽을 것입니다. 구원해 주세요, 이런 나를.

  아가, 다 끝나고 나면 엄마랑 시원하고 너른 만년설을 보러 가자. 까짓것 다 별거 아니게 되는 그곳에서 꺄아아악 울어 버리자.

생각하기도 싫은 것들에도
어떤 아름다움이 있을까?

365 중학교 때 이례적으로 많이 내린 비에 동네 도림천에서 사람이 쓸려 가 여럿 죽었다. 시장 쪽에 무허가 주택지에 살던 같은 반 친구는 집이 내려앉아 온 가족이 하늘나라로 갔다. 은하, 은하의 동생, 은하의 엄마와 이모. 사람 찾는 티브이 프로그램에서 미국에 있던 이모를 찾은 지 얼마 안 됐었는데. 은하는 어디로 간 걸까 영정 사진 앞에서 매우 골똘히 생각했다. 그때부터 눈먼 사람처럼 손을 허공에 더듬거리며 기도했다. "내게 믿음이 없습니다. 믿음을 주세요. 지옥에 떨어지기 싫어요." (교회 성경 학교에서 구원에 대하여 좀 극단적으로 배운 영향이 없지 않아 있다.)

외할머니가 치매에 걸리셔서 요양원에 계셨다.
그동안 나는 일본에서 소라를 출산하고 엄마가
도와주러 오셨는데, 한 달이 다 되어 갈 때쯤
코로나19가 터지고 할머니가 위독해지셨다.
그래서 누구도 할머니께 쉽게 갈 수 없는 상황이
되었고, 엄마는 갓난애를 안고 자기 엄마를 부르며
기도했다고 한다. 나는 젖을 짜고 두 시간에
한 번씩 일어나다가 정신이 다 나갈 것 같아
'할머니, 제발 엄마가 며칠만 더 있게 해 주세요'
기도하고는 자책했다.

　외할머니는 엄마가 귀국하신 바로 다음 날
돌아가셨다. 나는 소라가 너무 이쁘고 탄생이
신기하여 방긋방긋 웃다가도, 내가 이런 아기일 때
어화둥둥 키워 준 외할머니 얼굴이 떠올라 엎드려
울었다.
　'할머니는 그렇게 힘든데도 나랑 내 아기
생각해서 힘내다 간 거지?'
　생과 사의 화해 하나쯤 이렇게 가지고 싶다.

　어린아이일 적 누구에게도 그렇게 무조건적인
사랑은 받아 본 적 없었다. 할머니가 너무 보고

싶어서 "엄마, 우리 언제 외할머니네 가?" 하고 묻곤 했다. 할머니가 정신이 있을 때의 마지막 기억은 낮잠 자려고 침대에 누운 내 곁으로 온 할머니가 머리를 쓰다듬어 주시며 "유림이는 내가 못 잊을 사람" 하고 트로트를 개사해서 불러 주던 장면이다.

—

분향소 단상에 있던 사진들이 모이니 유람선 같았다. 이후 몇 달간 생활을 제대로 못 하고 화장실에서 울다 나오는 날 보고 엄마는 "뉴스 그만 봐" 하셨다. 아이들 얼굴을 하나 하나 보고 이름을 읽으면서, '기억할게, 원칙을 소중히 할게, 너희가 꾸던 꿈과 열정 이어 꾸고 나눠 꾸고 이룩할게' 하고 약속했었다.

몇 년이 지나 프랑스에서 미술 학교 시험을 보러 삼십 킬로그램이 넘는 작품을 이고 지고 기차로 떠돌아다닐 때였다. 그날은 부르주로 가는 길이었다. 저녁 7시에는 도착했어야 했지만, 갑자기 고장 난 기차는 인터넷도 없는 시골길에 멈춰 서서 자정이 지나서까지 움직이지 않았다.

뭐가 이 기차를 붙잡고 있는 거야. 문득 휴대폰을
보다 4월의 그날이 된 것을 깨달았다.
 '아, 내가 잊고 있었네.'
 순간 심장이 뜨거워져 묵념했다. 그 후 조급하던
마음이 편안해졌다. 시험이야 이러나저러나
괜찮다는 생각이 들었다. 나는 결과에 상관없이
열심히 해 나갈 테니 말이다. 새벽 어스름이 되어
기차는 움직였다.

—

 아나필락시스 쇼크로 숨이 천천히 멎어 가고
에너지가 아주 약해져서 주변의 힘과 분리되던 때,
트라우마가 생겼다. "저 죽나요" 물어보니 "조치를
취하고 있지만 이대로 기도가 막히면 위험합니다"
하던 의사 선생님의 다급한 목소리.
 실상 죽어 가던 순간은 안 무섭던데, 죽을 것
같은 순간은 왜 그렇게 두렵고 불안한 걸까.

—

 원서 공원에서 친구네랑 가을 축제를 즐기고

돌아온 날, 밤에 알 수 없는 공포감이 몸을 옥죄어 왔다. 티브이를 트니 수많은 사람이 길에서 죽었다고 했다.

기이한 무력감에 온몸이 물을 먹은 듯 무겁게 몇 주를 살았고 한 달 후 일이 있어 프랑스로 갔다. 어쩌다 파리 포토 아트 페어에서 한 작가가 르완다에서 학살된 아이들이 무더기로 묻힌 곳에서 채집한 옷, 신발 등을 한 벌로 맞추어 찍은 사진들을 전시한 걸 마주쳤다.

세 벽면이 수십 개의 옷 사진으로 가득 차 있었다. 그리고 작가는 그 아이들이 했을 법한 이야기, 예를 들면 '엄마가 제 생일에 사 주신 이 분홍 가방이 정말 좋아요', '이건 제가 아끼는 운동화라서 중요한 날에만 학교에 신고 가요' 같은 문구들을 각 사진 아래에 써 놓았다.

물끄러미 사진과 글을 보다가 갑자기 토하듯 울음이 터져 나왔다. 점점 거세지는 울음이었지만, 갤러리 지킴이나 함께 보던 관객 모두 나를 이상하게 바라보지 않고 지나갔다. 오히려 알 수 없는 공감의 에너지들이 보이지 않는 손으로 내 등을 토닥였다.

내가 한 일이 아닌데 왜 이렇게 부채감이
생길까.
　내 새끼가 아닌데 왜 이렇게 힘들까.

　통곡의 파리 포토 이후 가슴을 짓누르던
먹구름이 스르르 걷혔다.

—

　사는 게 기적인 것이 불안하다. 생명과 사지의
상실이 이렇게나 두려워해야 할 일이라는 게.
　딸의 몸과 건강이 미치도록 걱정이 되고 무섭다.
세상에서 전부인 것이 스러지면 살 수 없을 텐데.
혹은 세상에서 그녀의 전부인 내가 무슨 일이
생기면 그녀에게 슬픔과 두려움을 주고서는
눈을 감고도 견디지 못할 텐데. 이런 날 어떻게
안정시킬 수 있으며, 어디에 기댈 수 있을까.

—

　지금까지 가슴을 옥죄던 죽음의 사건을
나열하다 보니 슬며시 삶과 닿는다.

자연이었구나.
자연이라는 게 이렇게나 괴팍하다니.
그런데도, 그런대로 받아들여진다.

나는 괴팍한 자연이다.

3
상향

아무
말

375 메리 포핀스 아줌마, 저도 액자 속 숲으로
데려가 주세요.
아이들만 갈 수 있는 비밀스러운 헤테로토피아.
나무 길을 따라 들어가면
밤의 회전목마.

—

경계를 품고 있어 일본과 아이슬란드와
뉴질랜드는 지진이 나고 화산이 터진다.
그런 일촉즉발을 품고 사는 땅임에도 자꾸
거기에 가고 싶다.
죽음 가까이에는 생명과 진실의 향이 짙다.

—

웅성웅성 울면은 가벼워질 것을
웅성웅성 욕하면 가벼워질 것을
그래 봤자 마이크에 가져다 대지 않으면
들리지도 않더라
그러나 분명 고통과 울음과 질문과 허세와
짜증과 공격과 기쁨이 있었지
작은 소리가 크게 들리는 구석탱이에서 나는
폭발했었지

그럴 바에야 마이크를 구석에도 하나 끌고 오는
게 좋지 않아?

—

네 살 딸이 아무 말 모임에서 마이크에 대고
말한 것이 우주 같더라.

나비야, 나비야? 나비야!
엄마! 엄마? 들려?
잘 들려?

꺄르르륵,

낑,

또오오오옹.

아이같이 나도 아무 말을 하다 보니 아이가 불쑥불쑥 거는 말들이 가벼워졌다.

눌렸던 아이를 방출하니 나도 아이가 버겁지 않았다.

—

좋아하는 삼행시를 떠올려 본다.

박명수의 '펭귄'.
펭: 팽현숙!
귄: 퀸카!

정준하의 '인생'.
인: 인도의 수도는
생: 생제르망 아닌가요?

이런 게 왜 이렇게 좋지.

본래 단어의 의미라곤 온데간데없는 번뜩이는 재치.

멀리로 가서 좋은가.
원형이 있어 변형도 있으니 참 좋은 일이네.
나도 멀리로 가야지. 원형을 품고서.

설산의 집

니가타 공항에 내려 공항 버스를 타고 기차역으로 간다. 커피 한잔을 마시며 산조로 가는 기차를 기다린다. 딩동, 딩동, 하는 맑은 소리. 기차에 오르면 사람이 가장 없는 데로 간다.

겨울엔 차창 밖으로 낮은 산과 집과 논이 하얗게 된 풍경을 본다. 여름이면 쨍한 연둣빛이 스윽스윽 지나간다. 작은 기차역에서 내리면 발자국 소리만 들리는 조용한 동네가 나온다. 히가시산조다.

집까지 걸어서 삼십 분 정도 걸린다. 중간에 언제나 들르는 대형 마트에 들어가서 당고와 치즈케이크, 나물 반찬, 물과 재스민차, 소분된 고기와 해물, 오렌지와 바나나, 가루비 감자칩을

산다. 단골 메뉴다. 길을 나서 야구부 아이들이
까만 얼굴로 운동장을 누비고 있는 고등학교
담장을 따라 걸어간다. 점점 더 집과 집 사이가
넓어지는 것을 느낀다.

   나의 집은 강을 건너서 한 학교 건물 옆에 있다.
그 학교는 몇 년 전 산조의 수공예품을 전시하고
활용하는 문화 공간이 되었다. 아이와 어른 모두
가서 연도 만들고 그림도 그린다.
   집에 들어가기 전에 항상 학교 너머로 설산을
바라본다. 연어색과 아이보리빛으로 칠한 건물
위로 만년설이 있다.
   주머니에서 열쇠를 찾는다. 옆집 할머니가
가꾸는 작은 텃밭 뒤가 우리 집이다. 옆으로 길게
늘어선 집.

   문을 열면 나무 냄새가 나고 현관의 턱을
올라가면 복도가 길게 뻗어 있다. 오른편으로는
창호 문이 세 개인데 맨 처음 방은 침실, 둘째
방은 거실, 셋째 방은 욕실과 부엌이다. 복도 끝은
세면대와 화장실인데 남향이라 햇빛이 복도로
들어오면 화장실로 가는 길이 포근하다. 그 빛은

창호 문으로 또다시 걸러져 부드럽게 방까지 스며든다.

  이 집을 깊이 사랑했다. 힘껏 살고 세심하게 가꾸었다. 기차를 타고 옆 동네까지 가서 무인양품에서 모든 생활용품을 이고 지고 와서 꾸몄다. 가끔 화실에 가서 나무판과 물감, 종이를 사 왔다. 그렇게 채우다 보니 단순하지만 아주 나 같은 공간이 되었다.
  밤에는 풀벌레가 창 옆에서 울려 자장가가 되어 주고 먼 데서 기차가 가는 소리가 들렸다. 잠이 잘 왔고 아침에 일어나면 깨어졌던 영혼도 몸으로 돌아와 접붙은 듯 평안해졌다.

  그 집에는 그래서 아주 소중한 사람들만 초대했다. 선아가 한국에서 왔다. 말랐던 선아는 이 집에서 항상 두 끼 같은 한 끼를 먹고 얼굴이 뽀얘져서 갔다.
  한번은 눈 내리는 날, 선아랑 동네 기차를 타고 야히코에 다녀왔다. 야히코는 일본 중력 지도에 따르면 가장 중력이 센 곳이다. 이 지역에서 가장 유명한 신사도 자리해 있다. 빨간 다리를 건너면

'다른 세상으로 건너왔다'는 느낌이 드는 곳이다.
   그곳을 평온히 다녔다. 그 땅에 '풍만하고
따뜻한 여신'이 지키고 있다고 느꼈다.

   딸이 생겼다.
   마치 알을 품는 둥지처럼, 엄마와 떨어진 곳에서
나의 아기를 품었다.
   커다란 파랑새가 걸어와, 곰이 되더니 내 품에
포옥 안기는 태몽을 꾸었다.

   언젠가는 환상을 보았다.
   할머니가 된 내가 이 집 앞을 거닐고 있었다.

   지금까지 살던 곳 중, 도시와 가장 먼 곳.
   뭘 하나 사 오는 게 큰일일 정도로 불편했는데도
누구에게나 '거기 살 때가 제일 좋았어'라고
말하게 되는 곳.
   나에게 소중한 너비를 제공하던 집.
   필요한 게 손 뻗는 데 닿지 않아 풀과 나무가
무성한 길을 터덜터덜 걸어야만 했던 동네.

   처음 내 집. 따뜻하고 영원한 고향집.

아이슬란드 팅게리에서

383 레이캬비크의 흐린 날이다.
시규어 로스의 「발타리」 앨범을 틀고 숙소 구역을 지나 호숫가로 걸어간다. 시야가 트여 온다. 노래가, 거대하고 차가운 호수와 만나고, 그 뒤로 보이는 설산과 중첩된다.
아, 그들이 이런 음악밖에 못 했겠다고 이해된다.

약 보름간 보낸 아이슬란드에서의 나날 동안 근육처럼 검은 살이 군데군데 튀어나온 설산의 광경에 매료되었다. 저 섬세하고 비정형적인 선들을 몸속에 다 구현하고 싶었다.

팅게리는 슈퍼마켓도 없는 작은 마을이었다.

덴마크 부부가 레지던시와 카페를 만들어 그
지역을 살리겠다고 노력하고 있었다. 다행히
부부의 카페가 북유럽에서 유명한 카페로 잡지에
소개되어 관광객들이 들러 가는 모양이었다.
 거기서 R을 만났다. 그는 아일랜드계
미국인이고 유명 가수들의 다큐멘터리를 작업해
주는 비디오 작가이면서 방송인이었다.

 레지던시에 갈 아티스트들을 픽업하러
어떤 무뚝뚝한 인상의 아저씨가 밴을 끌고
레이캬비크 교회로 왔다. 다들 먼저 와 있었고
내가 마지막이었다. 내 옆이 그였다. 여섯 시간을
함께 달려야 했기 때문에 R과 먼저 악수하고 눈을
맞추었다. 그때 R의 눈이 확 커졌는데 나도 덩달아
그랬을 거다. 차 안에서 어색해서 잠에 들었는데,
정신 차려 보니 내 머리가 그의 어깨에 있었다.
R은 정자세로 앞을 보고 있었다.

 팅게리에 도착해 두세 명씩 짝을 이뤄 집 한
채씩을 배정받았다. 나는 스코틀랜드 사진가와
영국인 스태프와 함께였다. 우리 집은 푸르면
푸르른 대로 회색이면 회색인 대로 바깥의 빛이

부엌에 스미는 얇은 집이었다.

낮에는 집 뒤로 설산을 오르거나 동네의 집들을 탐험하며 밤낮으로 사진을 찍고 글을 썼다. 그리고 아이슬란드에 와서 알게 된 오보Óbó라는 가수의 음악을 많이 들었다. 섬 같은 노래였다. (나중에 알았지만 오보도 시규어 로스의 멤버 한 명이 만든 밴드라고 한다.)

오후 어스름에는 창밖의 풍경을 자주 보았다. 눈 쌓인 나무, 분홍빛 보랏빛 노을이 명도를 낮춰가며 밤이 되는 과정을.

R에게는 사실 첫눈에 반했다. 눈치껏 그도 나와 비슷한 눈으로 나를 바라보고 있다는 것을 느끼고 있었다. 그러나 당시 나는 파리에 교제하던 남자친구가 있었다. 열흘 뒤 우리는 각자의 자리로 떠날 것이기에(그 거리도 멀었다) 누구 하나 적극적으로 다가서는 일은 없었다. 서로 소유를 주장하지 않았기에 주고받던 눈빛이 더 강하게 남아 있는 걸지도.

공동 공간인 카페에 모일 때 앞이든 옆이든 내

근방에 있던 R. 막상 둘의 공간이 생기면 둘 다 얼어붙어 아무 말도 못 했으면서.

그 와중에도 기억에 남는 장면이 있다. 레지던시 체류 중 사오 일 지났을 때인가, 저녁 식사 시간이었다. 그날 활동이 많아서 유독 피로했고 내가 가장 먼저 집으로 가겠다고 했다. 전구색 조명 밑, 차분히 웅성거리며 잘 자라는 따뜻한 인사들을 나눴다. 눈인사를 보내고 터덜터덜 카페 밖 검푸른 눈밭으로 나왔다.

그리고 오로라가 있는지 하늘을 확인했다.

오로라 대신에 은하수와 수많은 별들이 떠 있었다.

집으로 돌아간다고는 했지만 그 광경 때문에 그럴 수 없었다. 한참을 올려보다가 하늘에서 아래로 천천히 눈을 내렸다. 그런데 그때 카페 창문에 서서 나를 바라보고 있는 R이 보였다. 순간 유리창 한 겹 사이로 둘의 공간이 만들어졌다. 나는 머쓱해서 '별 좀 봐' 하는 제스처를 했고, 그도 당황해하며 '와 멋지네' 하듯이 재빨리 두 팔을 옆으로 펼쳐 보였다. 나는 별일 아니라는 듯 그에게서 눈길을 거두고 잰걸음으로 집으로 향했다.

빙하로 빛이 스며들다 결국 가닿지 못한 푸른 곳이 있다던데, 순간 거기에 잠시 머무른 것 같았다. 사랑의 시작은 나에게 붉음이라기보단 이런 푸른 폭발이다.

레지던시 체류 기간이 마무리되어 갈 즈음 동료들과 뒷산을 오르기로 했다. 그날 나는 화상을 입었다. 친구가 빌려 준 부츠가 발에 맞지 않아 마찰열 때문에 그렇게 된 거였다. 공동 공간에서 상처를 보여 주며 약을 구했다. 다들 걱정해 주었지만 R은 그저 볼 뿐 말이 없었다.

두 주가 지나고 레지던시를 떠나는 날이 되었다. 첫날 본 드라이버가 같은 차를 끌고 왔다.
팅게리는 맑은 아침이었고, 하늘이 너무 파래서 눈산도 바다도 집도 다 하늘 색으로 보였다. 다시 설산 사이로 난 길을 따라 세상으로 향해야 한다는 사실이 아쉬웠다. 너무 깊이 나로 살아 있었고, 영혼의 큰 조각을 설산 어딘가에, 팅게리 집들의 지붕 곳곳에 심어 둔 기분이었다. 그렇게 고향을 떠나는 마음이 되어 언제 또 올지 모르는 이곳을 최대한 눈에 담았다.

나만 그런 건 아니었을까. 차 안에서 자는 사람
하나 없이 다들 말이 없었다. 차창 밖으로 빛이
쏟아지는 설산을 향해 눈을 정지하고, 마법에
걸린 사람들처럼 멍하니 몇 시간을 침묵했다.
그러다 침묵을 깬 건 드라이버였다. 휴게소에서
커피라도 한잔 마시고 가자며 우리를 내려 줬다.
흰 주차장이 너른 곳. 커피를 뽑아서 그 주차장의
벤치 같은 곳에 갔다.

R이 먼저 나와 앉아 있었다. 다가가서 아무 말
없이 나도 커피를 마셨다. 그제서야 그는 망설이는
듯하다가 물었다.

"너 다리 괜찮은 거야?"

괜찮다고 말하고 나는 조금 있다 차로 돌아왔다.
그게 서로 나눈 마지막 대화였다.

그렇게 나는 유학 중이던 로리앙으로 돌아오고
그는 미국으로 갔다. 아이슬란드의 얼음산 위에서
무수한 집을 발견하기도 했지만 찰나의 사랑까지
품고 나의 자리로 돌아왔었구나.

파리 공항에 마중 나온 남자 친구는
반가워하면서도 짐짓 불안한 기색으로 물었다.

"눈이 왜 그래? 속세를 다 끊어 내고 산으로 들어간 사람 눈이야."

속으로 답했다.

'이제 내가 살 곳을 알았으니 다 상관없다는 눈이야.'

대지가 허물어진 틈새로, 새빨간 마그마는 기어이 자기를 드러내 보였었다.

우연히 오른
여름 산에서 안 것

제주에서 서울 가는 오전 비행기를 놓쳤다.
어쩌지 하다가 기회다 싶어 좀 더 자유 시간을
갖기로 했다. 무엇을 할지 바로 정했다. 한라산을
등반하는 것. 공항에 짐을 맡기고 편의점에서
먹을 것을 샀다. 그리고 한라산 입구로 가는
버스를 탔다. 기도했다. '산에서 세상에서 가장
행복한 사람을 만나게 해 주세요.' 무슨 로맨스를
기대하는 듯한 기도가 흘러나온다.

도착하니 올라가는 사람은 두어 사람밖에 없고
다 내려오는 사람들뿐이다. 신에게 요청했던 것과
달리 아무도 못 만날 것 같다. 처음엔 좀 할 만해서
주변의 이끼와 나무도 눈에 들어오더니, 곧 가파른
경사로 이루어진 길에 들어서서는 본격적인

고통이 시작되어 발아래 돌계단만 보인다.

하지만 그 와중에도 느낀 것 같다. 구간마다 온도와 분위기가 달라지는 걸. 결계 같은 걸 몇 번 지나는 느낌이 나더니 차차 잡생각이 사라지고 갑자기 한 생각이 드러났다.

'사이의 공간에 머무르는 것에 대해 늘 표현해왔다만 어딘가 찜찜했다. 한국에서 프랑스로 가는 비행기 안이나 안과 밖을 다 품은 베란다 같은 곳. 거기에 있을 때라야 고착된 공간에서 벗어난 자유를 느끼니까. 그런데 이번 전시에서는 아예 작은 벽 두 개를 만들어 사이를 스스로 지정했다. 결국 그 틈을 만드는 두 곳의 정체가 필요한 거였어. 이제 내가 태어나기 위해 엄마와 아빠까지 낳을 수 있다.

내가 다 낳을 것이다.'

생각 속에서 태어난 가상의 어미와 아비.
그 사이의 아이는 없고 있음 사이에서 생동한다.
인식의 방이 한 평 더 대지를 넓힌 것을 느꼈다.
새로운 나를 만났고 이 만남은 더없이 행복했다.

아, 기도는 이루어졌다.

험준한 길

꿈에서 반복해서 본 산이다.

어려운 오르막을 지나면 아름다운 온천 숙소가 나온다는 걸 알고 있다. 비용에 맞춰 휘뚜루마뚜루 지은 료칸이 아닌, 산 위의 맑은 정기를 이용해 세상에서 고립되길 자청하여 만들어 낸 정결함을 주장하는 곳.

거기로 가고 싶다.

이윽고 한 방에 들어가니 소중한 얼굴이 나를 기다리고 있다. 딸의 아비다.

구운 아몬드의 냄새가 나는 온화한 아이보리빛 방에서 흰 테이블을 가운데에 놓고 마주한다.

그간의 밀린 이야기를 나누고 큰 침대가 있는 방으로 들어가 한잠 잔다.

자고 일어나니 푸른 찌꺼기가 이불에 묻어 있다.
내가 그냥 나가려 하니 그가 말한다.

"네가 여기까지 얼마나 어렵게 왔는지 알아.
그러니 왔다 간 장소를 깨끗이 할 줄 알아야 해."

그러면서 수건을 가져와 그 흔적을 닦아 보여 준다. 그렇게 하라는 듯.

그런 그에게 새로 쓴 동시를 보여 준다.
"무카에, 무카에, 무카에(향하고 향하고 향하여)······."
다 쓰지 못한 건 말로 해 준다.
"유림니(유림에게)."

이윽고 그는 용기라는 단어를 품고 굴리더니 금세 기타로 연주한다.
바운디Vaundy의 「괴수의 꽃노래(怪獣の花唄)」의 시작같이 아련하면서도 두근거리는.
그 기타 리프를 들으니 이전까지 내가 산 아래 아무런 숙소에나 들어가서 몸을 뉘다가 실망하고 우울해했던 모습들이 떠오른다.

'이제, 한 걸음씩이라도 험준한 이 길을 따라가자.

나는 아직 단 한 번도, 내 것을 세상에 제대로 드러내 보이지 않았다.'

4
경계를 가지는 두 대지를 만들다

홋카이도행

대지를 둘로 뜯는다는 건
모든 것에 관계를 부여하는 말임을 알았어

이동은
나와 나를 벌려 사이를 만들고자 했음을

나를 다독이게 국경을 넘는다

옆 나라에 있는 가장 북쪽의 땅,
푸르던 바다와 검은 숲의 향을 떠올린다

그리운 타국의 고향 냄새가 났다가 사라졌을 때
그 향이 없어질 때까지 코를 박고 들이켰지
잃어버린 것을 찾으러

산은 그리움
너를 보러 가자는 명령

열 평의
마그마

제자리에서도
무한히 새로운 형태로 살아가도록
땅을 뜯는다
분출하도록

이주하는 정신

아름다운 사이의 공간을 본다

그 길목마다 항상 네가 있었구나
붉고 빛나는 마그마가
모든 것을 녹이고 피워 내는 곳

그런 너와 있고 싶었다

딸이 태어난다

열린 문을 만드는 일이 절실하다

장롱과 장롱 사이에 바다를 채우고
바다 위로 베개들을 세워 바위 삼는다
양쪽의 장롱에는
지나가는 것들을 찍은 사진들이
아무렇게나 붙어도 좋을 거다

흙덩이를 둘러 뜯어 아름답게 칠하고
그 가운데로
나무로 가득한 강이 흘러가도 만족스러울 거다

나가며

 속하고 싶은 마음과 속할 수 없는 마음 언저리에서 글을 시작했다. 어딘가, 누군가에게는 꼭 닿아서 사랑과 전투의 증거를 남기고 싶었다. 찰나는 쉬이 잊히기 마련이라 기록해야 했다. 그중에서도 고통의 이유가 된 아름다운 순간들을 먼저 흘려보냈다. 게걸스럽게 문장들을 삼켰다.

 이후에는 글이 나를 전혀 예상치 못한 데로 이끌고 갔다. 저 깊이 결핍의 근원을 고집스레 짚어서 진을 빼더니 한순간에 나를 아이슬란드 산 위로 올려 보냈다. 처음에는 그렇게 글이 내 손을 잡고 엄마인 내게로 데리고 가 줬다.

 글은 조금 시간이 지나 나를 다시 찾아왔다. 그러고는 혹독한 현실의 전쟁과 잔해 안으로 초대했다. 괴성을 지르고 욕지거리가 남발되는 곳이었다. 몸이 뜨거워졌다.

  그렇게 흘려보내어 잔잔해진 공기. 글은 말간 욕망의 공중으로 다시 나를 내던졌다. 그러자 듬성듬성 토대를 드러내는 일처럼 보이지 않던 얘기가 더듬어 길어 올려졌다. 이어 붙으면 뭐라도 모양을 만들어 줄 것 같았다. 글을 이전보다 더 믿고 따라갔다.

  글을 마친 직후인 지금은 아직 글과 붙어 있어 어떤 모양의 건축이 되었는지 잘은 느껴지지 않는다. 다만 수렁이든 사이이든 산이든, 앞으로 내가 어디에 위치하건 이 기록들은 미래에서 나의 쉬어 갈 집이 되어 줄 것이다. 혹은 일깨우는 깃발이거나.

대담

2025. 4. 7.

최지현, 서평강, 문유림 + 황예지, 박정민

예지

이 책은 독립 출판으로 시작한 책이죠. 저는 우선 독립 출판물로 처음 책이 나왔을 때 작가님들의 소회와 당시 독자들의 피드백이 궁금해요. 제 주변에는 왜인지 모르겠는데 눈물의 간증이 많았어요. 감정적 몰입도가 높은 책이다, 그래서 천천히 읽게 된다는 피드백도 있었고요. 저 또한 이 책은 감정의 밀도가 높아서 촘촘히 넘겨 보게 됐던 것 같아요.

지현

오래된 친구들의 리뷰가 기억에 남아요.
이렇게 내밀한 얘기가 있는 줄 몰랐다더라고요.
꽤 가깝다고 생각했는데, 책을 통해 그동안 제가
품었던 감정들을 알게 돼서 더 가까워진 것 같다는
이야기를 해 줬어요. 남편은 자꾸 엄마한테 언제
줄 거냐고.(웃음)

유림

저는 엄마에게 상처받지 말라고 하면서 책을
드렸어요. "괜찮다. 엄마는 씹으라고 있는 거
아니니" 하셨지만, 정작 읽지는 않고 책장에
놔두시더라고요.

지현

우리 엄마도 책의 존재를 알고는 있는데, 저는
안 드렸어요. 책이 없다고 하고…… 근데 이번에
서점에 나오면 이제…….

예지

이제 읽어 보시겠는데요.(웃음) 그럼 우리
제목부터 뜯어봐야 할 것 같은데,『사나운

독립』이라는 것이 꽤 날카로운 제목이잖아요.
어떻게 정해졌는지, 이 '사나운' '독립'이라는
제목이 각자에게 어떤 뜻인지도 궁금합니다.

평강

셋 다 사납지를 못해서 저희 책에 있어서만큼은
사나워 보고 싶었어요. 다들 마음이 유들유들하고
괴로운 일이 있으면 혼자 구석에서 우는 애들인데
글을 쓸 때는 사납게 해 보고 싶었던 거죠.

지현

각자 다른 셋의 이야기를 포괄하기에 좋은
제목이라고 생각했어요. 제게도 '독립'은
사나웠고 거칠었고 여전히 봉합되지 않은 어떤
것이었거든요. 무제에서 책을 만들기로 하고
제목을 다시 생각해 볼까 했더니 이제는 글과
제목이 너무 딱 붙어서 다른 제목이 떠오르지
않더라고요.

평강

대학원 때 교수님이 그러셨어요. '모두가 자기로
살아가기 위해서는 부모님으로부터 떨어져 나간

독립을 해야 한다. 그리고 그 독립이 엄마와 딸의 경우에는 전쟁과도 같다'고요. 그래서 독립이라는 그 자체, '떨어져, 자기로 살아간다'는 그 단어가 좋았어요.

유림

저는 아이를 낳는 과정에서 참 미안한 감정이 들었어요. 배에서 아이가 저의 부족한 건강 상태와 정서, 심리 같은 것들에 영향을 받으며 태어나더라고요. 좋은 것도 나쁜 것도요. 그때 저는 그런 생각이 들었어요. 한 생명은 누군가에게 기생해서 태어나기 마련인데, 그 사람이 불안정하다면 그것도 참 폭력적인 일이겠다는 생각이요. 그래서 독립이 이다지도 사나울까 싶었고요.

지현

딸과 아들의 독립에 대해 이야기하는 어떤 책에서 본 건데, 자녀들은 어느 순간 부모의 말과 다른 방향으로 가잖아요. 부모의 의지와는 상관없이요. 그 자녀가 아들인 경우에 엄마는 오랫동안 만났던 연인에게 버려지는 느낌을 받는대요. 반면 딸인 경우에는 오랫동안 키운 개한테 물리는 것과 같은 충격을 받는다는 거예요. 그 책을 보고 제 상황을 수긍하게 된 것 같아요. '딸이 엄마로부터 독립을 한다는 것은 사나울 수밖에 없는 거구나. 그게 자연스러운 거구나' 하면서요.

예지

글쓰기의 과정으로 들어가 보면 글쓰기도 끈기와 사나움이 필요하잖아요. 쓰는 과정에서 무얼 느끼셨나요. 쓰기의 용감함을 전수해 주실 수 있을지.

평강

처음엔 엄마와 피 터지는 전쟁을 하면서 겪은 감정들을 꺼내서 글로 적으면 이게 계속 남아서 저랑 붙어 있게 될까 봐 쓰는 것도, 쓴 걸 다시 읽는 것도 괴로웠어요. 쓰다가 가슴이 찢어질 것 같았고, 그래서 대부분 울면서 쓴 글들이었어요. 그런데 다 쓰고 나니 조금 분리된 것 같아요. 요즘엔 이 글들이 저랑 붙어 있는 것이 아니라 살짝 떠나서 얘 나름대로 살고 있는 것 같은

느낌을 받아요. 저는 저 나름대로 확실히 감정의
무게가 줄어든 것도 같고요. 글쓰기를 한 만큼
뭔가 푹 퍼내서 보이지 않는 어떤 통에 덜어 낸 것
같은 느낌이에요.

예지

세 분이 쓰는 타입이 너무 달라요. 그런 것들도
관전 포인트 같거든요.

유림

제게 있어 글쓰기는 내 속에 숨겨 놓은 수렁으로
가야만 하는 거였는데 그게 너무 힘들었어요. 저는
아픈 걸 정말 싫어하는 사람이거든요. 그렇지만
아픔에도 불구하고 들여다봐야만 했던 것은
딸을 위해서였어요. 서랍 속에 감정들을 켜켜이
감춰 놓고 사는데 그게 어느 순간 딸에게도
영향을 주는 것 같았거든요. 내 삶은 딸이 살리고
있는 거니까 저도 딸을 살리기 위해 글쓰기를
시작하기로 했어요. 그런데 저는 쓰기가 어려운
사람이더라고요. 그래서 벼랑 끝에 밀렸을 때 쓴
글들이 많고요. 그래도 쓰고 나니까 한 번 덜어
내지더라고요. 그 힘으로 버티는 것도 있는 것

같아요.

지현

저는 지금까지 살면서 스스로의 행동이 이해가 안 될 때가 너무 많았거든요. 나중에 보니까 도망치고 회피하는 방어 기제가 발현된 행동들이었어요. 왜 그렇게 된 건지 실마리를 찾고 싶더라고요. 어느 날 양육자의 불안함이 아이에게 어떤 영향을 미치는지에 대해 쓴 책을 보고 내 역사를 거슬러 올라가 봐야겠다고 생각했어요. 내가 궁금한 걸 보려면 엄마를 봐야겠다, 나의 뿌리를 봐야겠다고요. 그래야 나아갈 수 있겠다고 생각했고 그렇게 쓰기를 시작한 것 같아요. 직시하지 못했던 걸 바라보고 파헤치기 위해서요. 그런데 쓰다 보니 '자기 검열'을 하는 게 힘들더라고요. 이 책은 온전히 내 입장에서 쓴 것이고, 엄마의 입장은 또 다를 테니까요. 그래서 에세이가 아니라 소설을 쓰고 싶기도 해요.(웃음)

예지

저는 엄마라는 단어를 단독자라고 느끼면 안 되는 것 같아요. 여자가 글을 쓸 때 엄마는 다수의 엄마고 모성에 대한 이야기를 하는 것이지, '나의 엄마'에 갇히면 글쓰기가 어려워지는 것 같아요. 엄마라는 단어를 세계로 넓히는 연습을 하면 그런 검열과 윤리에서는 많이 떠나올 수 있지 않을까 싶어요.

저는 또 궁금한 게 글쓰기가 자화상을 그리는 거라서 괴로운 거잖아요. 그런데 세 분의 상황은 자아를 공들여서 세울 수 없는 환경이기도 하잖아요. 육아도 해야 하고 가정도 챙겨야 하니까요. 그러한 환경에서 자아를 그리는 감각이 무엇일지 독자들이 궁금해할 거 같아요. 글쓰기는 나로 침투하는 일인데, 정작 내 생활에는 또 다른 외부 자극들이 침투하고 있으니까요. 그건 어떤 밸런스인지 궁금해요. 전 가정을 꾸려 본 적이 없어서요.

지현

저는 아이를 키우지 않았으면 글을 못 썼을 거예요. 계속 도망 다녔을 수도 있어요. 아이라는 존재가 저로 하여금 이제는 더 이상 부끄럽게 살지 말아야겠다는 결심을 하게 만들었어요. 그런데 물리적인 시간이 없다 보니 조급함이 생기더라고요. 절박함이 더 맞는 표현이겠다. 그래서 당장 쓰기 시작한 것 같아요. 그래서 오히려 그런 제한된 조건이 저를 더 몰입하게 했던 것 같아요. 근데 그런 생각은 해 보죠. 내가 좀 더 시간이 많으면 더 잘 쓸 수 있지 않을까?(웃음)

평강

저도 아이가 있어서 글을 열심히 쓴 것 같아요. 아기를 낳고 오 년간 거의 혼자서 아이를 키우는 독박 육아를 했어요. 그 오 년은 정말 제 의지로 살 수가 없더라고요. 오롯이 쓸 수 있는 제 시간은 하루에 두세 시간 정도인데 티브이 하나 보면 끝나고, 머리 감고 말리면 끝나는 거예요. 그래서 마음이 점점 우울해지다가 '글쓰기'라는 목적이 생기니 엄마의 옷을 벗고, 나의 옷을 입는 것 같은 느낌이었어요. 서희 엄마를 벗고 서평강을 입는 느낌. 오히려 아이가 있어서 내게 주어진 이 짧은 시간이 더 간절하고, 정말 행복하다고 느꼈던 것 같아요. 온전히 나로 몰입해서, 나로 살아가는 그 시간이요.

유림

저는 미술 학원에서 늘 똑같은, 올곧은 선을 그리는 연습만 했어요. 그런데 한 사람에게 집중해서 개별적으로 시작하는 것을 배우고 나니 자존할 수 있는 길이 생기더라고요. 나만의 선이 있다는 걸 알게 되고 진짜로 살 수 있겠다는 생각이 들었어요. 모두에게는 각자 다른 선이 있고 거기서 나의 그림이 시작된다는 걸 알았을 때 큰 해방감을 느꼈고요. 예지 선생님을 만나서 어떤 감정에 집중하고 싶은지에 대한 질문을 받았을 때 제가 아주 새로운 지점으로 가게 되더라고요. 글도 엄청난 매체라는 걸 배웠고요. 그 과정에서 저도 아이가 저를 더 몰입하게 해줬고, 나를 제대로 파헤쳐 볼 수 있는 기회가 되기도 했어요.

지현

근데 이제는 좀 혼자 글 쓰고 싶어······.

유림

난 혼자 있을 때 유튜브 봐서 안 돼······.

예지

그럴 때 글을 어떻게 짬짬이 쓰셨는지. 노하우가 있으신지.

유림

저는 예열이 긴 편이어서, 한참 쉰 다음에 쓰거나 혹은 감정이 너무 아플 때 몰아쳐 쓰거나 했던 것 같아요. 노하우까지는 아니고 저는 글을 꾸미고 싶지는 않았어요. 제가 가끔 들뜨고 허세도 섞이는 순간이 있는데 글에서조차 그런 모습을 보고 싶지는 않아서 내려놓는 연습을 했던 것 같아요. 저한테 글쓰기는 내가 갖고 있는 여러 가지 감정들로 내려오는 연습이기도 했어요.

지현

유림 씨 글이 회화적이잖아요. 입체적이고 소리, 냄새 같은 감각들도 자극하고요. 그런 것들은 노하우가 있는 거예요?

유림

저는 의식하지 못하고 썼어요.

평강

저는 두 분의 글이 둘의 직업과 연관되어 보여서 재밌었어요.

예지

평강 님도 그래요……. 내담자의 언어도 있고. 신기했어요.

평강

저는 제가 지금 떠오르는 감정이 저를 괴롭힐 때 그걸 잡아서 그게 왜 그러는지를 써 보려고 했던 것 같아요. 이건 인지 치료 방법 중 하나이기도 한데, 그게 자연스럽게 일기가 되고 글이 된 것 같아요.

지현

저는 키워드를 정하면 도움이 되더라고요. 이번엔 '남자 없는 여자들'이라는 키워드가 도움이 많이 됐던 것 같아요. 남편의 말에서 빌려 온 그 키워드에 대해서 써야겠다고 생각하니 에피소드들이 자연스럽게 떠올랐고 그걸 적어 내려간 거죠. 요즘에는 기후 위기, 정치 위기, 경제

위기 같은 각종 위기가 만연한 현재가 극단의 시대라는 생각이 들어서 이 시대에 어떻게 하면 아이와 함께 잘 살아남을 수 있을까에 대해 많이 생각해요. 거기서 파생되는 키워드로 글을 써 보고 싶어요. '극단의 시대에 즐겁게 생존하기'가 저의 요즘 키워드죠.

예지

예전에 독립 출판으로 냈을 때 부제가 '엄마가 된 80년대생 딸들'이었잖아요. 부제목에서 도드라지는 단어가 '80년대생'이에요. 그 시대상이 본인들에게 어떤 그림이었는지 궁금해요. 시대상은 사실 서서히 바뀌잖아요. '엄마상'이라는 것도 대한민국에서 헌신과 봉사, 이런 이미지였다가 어떤 흐름 안에서 조금씩 바뀌고 있는 것 같거든요. 내가 겪은 '엄마상' 내가 겪은 '시대상'이 각자에게 어떤 것이었는지 궁금합니다.

유림

저는 엄마가 참 대단하다고 생각해요. 제게 베풀어 준 그 헌신을 나도 과연 아이에게 줄 수 있을까 의문이 들기도 하고요. 물론 엄마가 바쁜 상황에서 ― 노동 시간도 길었을 때니까 ― 아이를 잘 키우려고 했던 노력들 때문에 제가 다친 것도 있거든요. 정서가 결여된 시대였잖아요. 아이의 감정을 물어봐 주지 않는 시절이었으니까요. 그래서 나는 그러지 말아야지 하면서도 어느새 아이의 정서를 돌보지 않는 방식의 말들이 튀어나와요. 다행히 그러면 안 된다는 의식이 있으니 바로 사과를 하긴 하죠. 얼마 전에 그런 일이 있었어요. 엄마가 저희 집에 혼자 계시다가 혈압 때문에 쇼크가 왔는데, 그 위급한 상황에서도 비빔밥 재료를 다 만들어 놓고 병원에 가신 거예요. 엄마가 되레 괜찮다고 소라 잘 돌보라고 저를 달래는데 눈물이 나더라고요. 어떻게 그러지? 왜 그런 행위가 엄마에게는 각인이 되어 있지? 아직도 잘 모르겠어요.

평강

저는 사실 그런 사랑을 경험해 본 적이 거의 없는 것 같아요. 그래서 '엄마'라는 존재에 대한 기대도 많이 없었고요. 요즘 「폭싹 속았수다」를 본 사람들이 저한테 연락을 자주 하는데, "야 그거 진짜 재밌대. 근데 너는 절대 보지 마. 넌

너무 슬플 거 같아"라고 하더라고요. 여튼 그런 상황들 속에서 내가 받지 못한 사랑을 딸에게 줘야 한다는 게 어떤 큰 부채감처럼 느껴져요. 나는 아이에게 사랑을 잘 주지 못할 것 같아서요. 괜히 아이에게도 부족한 사랑을 물려주게 되는 건 아닐까 하는 생각에 자꾸만 스스로를 돌아보게 되고, 말 한마디 건넬 때도 조심스러워져요. '내 결핍을 이겨 내고 오늘은 사랑을 줄 수 있었나?' 하는 마음이 늘 따라붙어요. 그런 의미에서 유림 씨 이야기를 들으니 어머니가 정말 대단하시다 싶네요.

유림
언니는 기본적으로 주는 게 익숙한 사람이에요.

평강
저는 어렸을 때 "너는 지금 어떤 감정이니?" 같은 질문을 받아 본 기억이 거의 없어요. 학교에서도 '나답게 살아가는 법'을 배우기보다는, 사회 구성원으로서 어떻게 잘 스며들어 살아가야 하는지를 교육받았던 것 같아요. 나를 표현하고, 알아 가는 법은 배우지 못했죠. 그런데 요즘 아이들은 다양한 인권 교육을 통해, 자신을 있는 그대로 존중받으며 '나로서 살아가는 법'을 자연스럽게 배워 가더라고요. 저도 이제라도 그렇게 살아보고 싶다는 마음으로 글을 쓰기 시작한 것 같아요. 내가 먼저 그런 삶을 살아야, 내 아이도 그렇게 키울 수 있을 거라는 생각이 들어서요.

지현

저희 엄마는 교육과 먹거리에는 굉장히 진심이었지만 그 이외에는 저를 양육하지 않았다고 느껴요. 엄마와 대화를 안 한 지 너무 오래됐고 엄마한테 진심을 말하지 않은 지는 더욱 오래됐어요. 인정이나 지지를 받은 경험이 별로 없기 때문이에요. 그런 경험이 쌓이다 보니 말을 안 하게 되었고요. 이게 엄마와 저만의 상황일 수도 있죠. 그런데 소위 베이비 붐 세대에 속하는 부모들의 특징이 높은 교육열이라고 하더라고요. 교육 외에는 신경을 거의 못 쓰는 세대였던 것 같아요. 육아를 위한 시간이 보장되지도 않았고 자기 삶에 지쳐 있고 하니까 그럴 수밖에 없었던 조건이 있었던 것도 같은데, 그 결과로 1980년대

중반에 태어난 딸과 1950년대 중반에 태어난 엄마가 서로를 이해하기가 너무 어렵더라고요. 그런데 아이를 낳고 보니까 이해가 더 안 되는 거예요. 이렇게 귀엽고 사랑스러운데 어떻게 그렇게 냉담하고 무관심했지?(웃음) 남들은 아이를 키워 보니까 엄마가 이해된다고도 하는데 전 그 반대예요. 그런 봉합되지 않은 것에 대해서 쓰고 싶었어요. 이해할 수는 있겠지만 상처가 아무는 건 다른 문제예요.

정민

저도 나름대로 엄마와의 관계에 있어서 고단한 삶이었다고 생각해요. 그렇지만 지금은 애써 빠져나와 제 인생을 살려고 합니다. 그런데 작가님들의 책을 보면 아직도 엄마와의 골을 해결하려고 사는 느낌이에요. 이게 아이들 때문일까요? 저는 사실 해결하려고 들지 않아서 생각을 하지 않는 사람이고 작가님들은 그걸 해결하기 위해서 그 문제를 끊임없이 생각하는 사람 같거든요. 이게 성격 차이인지 성별 차이인지 자녀의 유무 혹은 결혼 여부에 관계된 문제인지 궁금해요. 사실 서로 터치 안 하고 서로 인생을 살 수도 있었을 텐데 말이죠.

지현

만약 제가 아이도 없고 남자였으면 대표님처럼 살 수 있었을 것 같아요. 그렇게 살고 싶었고요. 그런데 여성이라는 사실이 저로 하여금 앞선 세대 여성의 삶에 대해서 조금 더 관심을 가지게 한 것 같아요. 제가 아들이었다면 엄마를 이렇게까지 이해하려고 하지 않았을 것 같아요. 저보다 앞서서 태어나 삶을 살아온 여성의 삶에 대한 관심, 그것을 이해해 보고 싶고 연대하고 싶은 마음도 있는 것 같고요. 우리 엄마와 화해하는 건 어렵다고 해도(웃음) 전체로서의 여성, 엄마와는 이해하고 연대하고 싶은 마음이 있어요.

그리고 물리적으로는 육아 때문이 맞는 것 같아요. 일주일에 한 번 엄마랑 이모가 저녁에 아이를 봐 주세요. 너무 감사하죠. 그런데 고마움이 살갑게 표현은 잘 안 돼요. 결국 돌보는 일 때문에 여자들이 다시 이렇게 이어지는구나, 생각이 들고요. 엄마는 돌보는 일을 적극적으로 맡으려는 사람이 아님에도 불구하고 일주일에 한 번씩 와 주시니까 운명의 굴레인가 싶어 아득하면서도 감사하고 그래요.

평강

저는 말씀하신 세 가지가 다 해당되는 것 같아요. 엄마는 딸에게 동일시를 깊게 해서 딸과 나무뿌리처럼 얽혀 있는데 사실 딸도 엄마와 동일시를 깊게 하거든요. 나이가 들수록 '내 나이 때 엄마는 그랬겠구나' 하면서 스스로 이해하려고 해요. 마음속에서 용서해 보려고 하는 것도 있고요. 그래서인지 여성이 남성에 비해서 그런 감정들을 더 들여다보려고 하고, 관계들을 내 마음속에서만이라도 정리해 보려는 경향이 있는 거 같아요. 그리고 제가 하필 딸을 낳아서 그 관계들이 더 떠오르는 거 같아요. 아이를 육아할 때 엄마와의 관계가 해결이 돼야 딸이 나처럼 자라지 않게 할 수 있겠다 싶었어요.

사실 저는 대표님처럼 살고 싶은데 그게 잘 안 되는 성격이에요. 용기도 없고 억압된 시절이 길기도 했고요. 그래서 엄마가 너무 싫고 마음속에서 없애고 싶은데 막상 돌아보니 엄마가 없으면 살 수가 없는 인생이 돼 버렸어요. 그래서 그 속에서 스스로 헤어 나오려고 선택한 방법이 저를 들여다보는 것이었어요. 내 안에서 해결하고 이해해야 내가 누군지, 어떻게 살아야 할지를 알 수 있겠다 싶었어요.

유림

대표님이 빠져나왔다고 하셔서 부럽기도 해요. 저는 남동생이 있는데 둘 다 비슷하게 양육을 받았어요. 남동생은 대표님처럼 그냥 신경 안 쓰고 말아 버리는데 저는 화를 내고 대들어요. 조잘거리기도 하고요. 아직도 엄마랑 화해하고 잘 살고 싶거든요. 그런 기대 때문에 화를 내나 싶기도 하고요. 아이를 키우다 보니까 양육하는 방식도 엄마한테 받은 것이 너무도 깊게 투영되어 있어요. 그래서 나만의 방식을 제대로 찾고자 노력하기 위해서는 정말 나를 잘 봐야겠다는 생각이 강했던 것 같아요.

예지

이제 막바지 이야기들을 해 볼게요. 글쓰기로서의 앞으로의 계획은 무엇일까요. 책을 내고 남의 책이 달리 보이기도 하잖아요.

지현

너무 쓰고 싶어요. 소설을 너무 쓰고 싶은데, 끄적이던 것도 있는데 끝이 안 나더라고요. 그걸 어떻게든 짧게라도 완성하는 것이 올해 목표예요. 그것과 별개로 저의 이야기를 에세이로도 주기적으로 써 봐야겠다는 생각이에요. 일이 생기면 못 쓰는 기간도 있지만 그 두 개를 꾸준히 하고 싶어요. 글 쓰시는 분들 너무 존경스러워요.

유림

저는 이제는 작업집을 써야겠다고 생각해요. 제가 읽는 존 버거, 안규철 미술가처럼 자기의 개념들을 에세이로 녹이고 싶은데 방법을 몰라서 어렵기도 해요. 그런데 이걸 시로 생각하면 오히려 낫더라고요. 그래서 찍어 놓은 사진들과 함께 작업집을 한번 정리하고 가야 하지 않을까 싶어요. 에세이는 놓고 싶지 않아요. 선생님을 만나는 시간이 저한테는 너무 중요한 시간이라서요. 현재를 잘 감각하는 글들을 이제는 좀 쓰고 싶어요.

평강

저는 잘 모르겠어요. 저는 엄청나게 고통스러웠을 때 뭔가를 쓰고 싶고, 또 자연스럽게 써지는 느낌이었는데, 엄마가 돌아가시니 제 안에 있던 일차적인 감정의 근원이 사라져서 그 흐름도 끊긴 것 같아요. 마음에 남아 있던 엄마도 의식적으로 많이 분리하려고 애쓰다 보니 요즘은 '내 인생이 이렇게 평온해도 되나' 싶은 시간들을 보내고 있거든요. 그래서 앞으로 내가 뭘 쓸 수 있을지 막막하게 느껴져요. 문득 드는 생각은, 언젠가 죽기 전에 시인이 됐으면 좋겠어요. 글을 쓰면서 느낀 건 저는 함축된 언어 안에 다양하고, 또 적확한 감정을 담고 싶어 하더라고요. 시가 저한테는 재밌는 것 같아요. 근데 지금은 모르겠어요. 과연 내가 할 수나 있을까.

예지

또 시작하시네.(웃음)

최근 모두가 작별을 경험하셨잖아요. 책마저도 결국엔 떠나보내는 것이니까요. 작별하는 마음까지 얘기하고 정리하면 좋을 것 같아요. 작별이 많았어요, 다들. 글 안에서요.

지현

저는 아직도 제 글을 보면서 우는 부분에서 항상 울어요. 할머니에게 작별 인사 하는 부분에서는 계속 읽어도 계속 눈물이 나더라고요. 좁게 보면 전 이 글이 할머니에게 바치는 글이라고도 생각했어요. 1928년생 할머니에게 1986년생 최지현이 드리는 글이요. 선생님 말씀처럼 글을 떠나보내겠지만 결국 이 글은 평생 제 옆에 딱 있을 거 같아요. 다른 글도 이럴지는 모르겠어요.

평강

제 글 속에서 엄마는 살아 있다가, 시들었다가, 삶을 종결하기까지 하는데요. 지금은 그 글 속의 엄마가 어딘가로 가서 살아 있는 느낌이에요. 글 속의 엄마가 저랑 잘 분리가 된 느낌이고, 글 속에서 울부짖기도 하고 너무 괴로워했던 나라는 사람도 어딘가에서 살고 있는 느낌이에요. 글 속의 엄마도, 글 속의 저도, 글도, 지금의 저와 잘 분리된 것 같아요. 잘 떠나보낸 것 같아요.

유림

며칠 전에 딸이 자다가 울면서 깼어요. 너무

울고 달래지지도 않아서, 직감적으로 물어봤어요.
혹시 꿈에서 아빠가 나왔냐고.(눈물) 그러니까
맞대요. 그래서 울었구나. 나는 계속 이 미안한
감정을 가지고 살아야겠구나 생각했어요. 그런데
그 순간 너무 아픈데 너무 고맙더라고요. 이
『사나운 독립』이요. 이 글을 쓰면서 그래도 내가
어느 정도의 골은 털어 낸 것 같고, 이별도 글
덕분에 잘 하게 된 것 같았거든요.

  당연히 지금 보면 너무 투박하죠. 독자로서
본다고 하면 빈 곳도 많을 테고요. 그렇지만 저는
살려고 발버둥 친 하나의 흔적 같아서 이대로
사랑해 주고 떠나보내려고 해요. 소라에게
"우니까 어때?" 하니까 "슬픔이 씻겨 내려갔어"
하더라고요. 그래, 씻겨 내려가는 느낌을 나도
그래서 느꼈지. 울어야 할 때 소라랑 함께 잘
울어야지. 잘 살아가는 방법을 역시나 투쟁하듯이
계속 또 우리 친구들과 연대하면서 해 나가야겠다.
생각했어요. 어흑. 안 울려고 했는데.

정민
  황예지 작가님께 마지막 질문을 드리고
싶은데요. 이 글의 처음 시작을 함께해

주셨잖아요. 세 작가님들 처음 만났을 때부터
책이 완성될 때까지 그 과정 동안 어떤 느낌이
드셨는지 궁금하고 책을 받아서 읽어 보셨을
때는 어떠셨는지 궁금해요. 작가님들이 자유롭게
감정에 집중해서 쓸 수 있게 해 주셨다고
들었는데, 그 과정에서 작가님들의 글의 변화,
모습의 변화도 궁금합니다.

예지

처음에 저는 유림 작가님을 다른 센터 글쓰기
수업에서 뵀는데, 이 사람 범인은 아니라는 생각이
들었어요. 뭔가 숨기는 듯한 분들이 있거든요.
더 봐 달라는 느낌을 주죠. 저는 유림 작가님의
글에서 갈 길이 보였어요. 그리고 시간이 지날수록
비상하는 느낌이었어요. 사 주 만에 너무 큰
변화가 생기더라고요. 유림 작가님 글을 보고 이런
말씀을 드렸어요. 창작하는 자아는 더 씩씩해도
된다고. 그래서 더 나아가도 된다고요. 그렇게
유림 작가님이 그 경험을 하고 이 수업을 만들어
주신 거죠.

평강 작가님 지현 작가님도 마찬가지였어요.
평강 작가님은 다 못 한다고 했고, 지현 작가님도

다 아시는데 모르는 척하는 게 편한 사람이었어요.
처음엔 체스 두는 느낌이었던 것 같아요. 세 분이
사회적인 모습으로 잘 숨기는 타입이니까. 그런데
그게 다 허물어지고 내면으로 만나니 그때부터
다들 글쓰기가 엄청 활발해지셨고 하고 싶은 게
생각보다 많은 여자들이라는 걸 알게 됐어요.
그래서 응원하며 좋은 레퍼런스를 권했죠.

 책을 받아 들었을 때는, 이상하게 정제되지 않은
원고에서 경이로움을 많이 느꼈던 것 같아요. 책은
누군가가 열람한다는 가정하에 써지는데, 이 책
특유의 투박한 언어가 굉장히 재밌었어요. 아무
정제도 없고 갑자기 쓰다가 아기 보러 갔나 싶을
정도의 구간도 있는 거예요. 왜 여기서 끊기지?
그런 것들이 너무 재밌었어요. 수업이 밤 11시에
잡히면 애들 다 재우고 바쁘게 참석하는 그런
느낌도 좋았고요.

 제가 권하고 싶은 건 책에 빈 곳이 보인다고
하시는데 이 책은 빈 곳이 많아야 되는 책이라고
생각해도 된다는 점이에요. 전혀 작가처럼 안
보여도 되고요. 이것보다 더 풀어질수록 좋지
날을 세울 필요가 없을 것 같아요. 문학 하는
마음보다는 잘 만들어진 증언집 같기도 해요. 그런

사는 얘기들이 우리에게 많이 필요하다는 생각도 들었어요. 그래서 저는 이 책에 빈 곳은 없는 거 같아요.

추천의 말

435   지인들과 인사를 나누던 자리에서
'바이오리듬'이라는 단어를 꺼내 본 적이 있다.

"오늘 제 바이오리듬이 좀 괜찮아요."

1980년대 등장하기 시작했던 이 추억의
단어를 알아들은 몇몇 사람들이 저항 없이 빵
터졌다. 동시대를 살았다는 증거를 종종 이렇게
다른 사람들과 조촐하게 확인하는 것을 나는 꽤
좋아하는 것 같다.

나는 이 책도 그 마음으로, 동시대인을 만났을
때 불쑥 돌출하는 무조건적인 반가움으로 읽었다.
피구왕 통키, 백남준, 쎄씨…… '바이오리듬'과

같은 시대를 함께 통과한 단어들이 콕콕 박혀 있는
1980년대생의 문장들은 내가 충분히 씹기도 전에
나의 내부로 훌렁훌렁 넘어왔다.

 하지만 장녀였던 할머니의 삶과 역시
장녀였던 엄마, 그리고 마찬가지로 장녀인
자신으로 이어지는 장녀의 역사와(최지현)
아픈 엄마를 향한 미움과 사랑이 나선형처럼
흐르는 시간을 견디는 삶(서평강), 그리고
사랑의 결과이자 사랑이 실제로 존재했었다는
증거로서 아이를 갖기로 선택한, 무턱대는 사랑의
감행(문유림)은 단지 한정된 시대 안에서만
조촐히 이해받을 서사가 아닐 것이다. 애써 가려
왔던 '감정의 계보'를 진심을 다해 복원한 이
책이 1960년대생에게도, 2000년대생에게도 깊이
가닿기를. 이 책을 읽는 사람에게 자신의 삶과
관계의 의미를 지키는 일을 더 사납게 추궁하는
책이 될 수 있기를 소망한다.

 ― 요조(뮤지션, 작가, 책방무사 보스)

437

    이 책은 엄마가 된 세 사람의 독립 일기다. 원치 않는 호명으로부터, 사회가 부여한 역할로부터, 오래도록 거부하지 못했던 의무와 책무로부터. 그것은 바깥으로 달아나는 방식이 아니다. 오히려 깊은 내면으로 내려가 지금껏 외면했던 나를 만나는 것으로 시작된다.

    나 되기. 내 몸에 사는 나를 발견하기. 나를 아프게 하는 것들과 결별하기. 고통과 상실, 자기 모멸과 자기 부정의 거대한 파고를 넘어서야 하는 이 여정은 쉽지 않다. 그러나 이들이 마침내 자신과 마주할 때, 스스로에게 용서를 청하고 화해할 때, 정적과 같은 해방감을 느꼈다. 수많은 나에서 놓여나 진짜 나를 향해 가는 놀라울 정도로

솔직한 이 이야기의 끝에서 모두가 가장 나다운
나를 찾게 되기를 바란다.

— 김혜진(소설가)

사나운 독립

ⓒ 최지현 서평강 문유림, 2025
글 자문 황예지

발행일 초판 1쇄 2025년 6월 16일
초판 3쇄 2025년 7월 4일

지은이 최지현 서평강 문유림
펴낸이 박정민
편집 권은경
디자인 상록
마케팅 김아영

펴낸곳 출판사 무제
출판등록 2019년 11월 1일 제2019-000294호
이메일 muzepublish@gmail.com
인스타그램 @booksmuze

ISBN 979-11-972219-6-5 03810

이 책의 전부 또는 일부를 재사용하려면
반드시 저작권자와 출판사 양측의 동의를 받아야 합니다.
잘못된 책은 구입하신 서점에서 교환해 드립니다.

KOMCA 승인필